东周列国探秘丛书

鲁国历史与鲁文化探秘

杨朝明　王　青　著

文物出版社

封面设计：周小玮
责任印制：陆　联
责任编辑：陈　峰

图书在版编目（CIP）数据

鲁国历史与鲁文化探秘／杨朝明，王青著．－北京：文物出版社，
2008.2

（东周列国探秘丛书）

ISBN 978-7-5010-2398-1

Ⅰ. 鲁…　Ⅱ.①杨…②王…　Ⅲ. 中国－古代史－研究－鲁国
（前 11 世纪～前 256）　Ⅳ. K225.07

中国版本图书馆 CIP 数据核字（2007）第 192462 号

鲁国历史与鲁文化探秘

杨朝明　王　青　著

*

文 物 出 版 社 出 版 发 行

（北京市东直门内北小街 2 号楼）

邮 政 编 码： 100007

http://www.wenwu.com

E-mail：web@wenwu.com

北京美通印刷有限公司印刷

新 华 书 店 经 销

787×1092　　1/16　　印张：13.75

2008 年 2 月第 1 版　2008 年 2 月第 1 次印刷

ISBN　978 - 7 - 5010 - 2398 - 1　定价：36元

序

　　苏州科技学院叶文宪教授策划主编的《东周列国探秘丛书》，即将由文物出版社陆续推出。叶文宪教授是我们中国先秦史学会的理事，丛书各种作者也大都为学会理事或者成员。这部书对于普及先秦历史文化知识是很重要的贡献，因而我在这里专门向广大读者作一推荐。

　　东周包括春秋与战国时期。钱穆先生作《国史大纲》，首先标举中国历史之悠久和无间断，"自周共和行政以下，明白有年可稽；自鲁隐公元以下，明白有月日可详"。东周已进入有丰富文献足据、准确历日能推的历史时代，是中国传统文化成熟奠立的重要阶段。这个时间的轶闻故事，于后世广泛流传，脍炙人口。甚至《东周列国志》说部，也一直盛行不衰，到20世纪仍有评书演出。以春秋时晋国史实为本的杂剧《赵氏孤儿》，更作为最早传入欧洲的中国文学，有很普遍的影响。了解中国古代的历史和文化，自然应当首先着眼于东周。

　　叶文宪先生写信告诉我，他"组织这套丛书的初衷是受到无锡高燮初先生'学术走向民间'的启发"。高燮初先生是我多年老友，他建设吴文化公园，以至近年纂著《吴地文化通史》的事迹，令人钦服。叶文宪先生有同样的敬业精神，主张"社会科学为社会服务，学术研究走向民间，应该成为我们的宗旨。学术不应该只是学者的玩物，知识应该让全社会来享受。普及历史文化知识，是我们的责任"。尽数年之力，编辑这部丛书，正是叶先生及各位作者这样思想的实践。

　　我常说，做学术普及工作不是学术水准的降低，而是提高。写普及读物并非易事，因为要想写好这种书，前提是广博而又深入的知识，这对作者来说，是很高的要求，容不得造伪和掺假。《东周列国探秘丛书》，组织时的原则就是"争取做得既通俗好看，又严谨科学"，正由于如此，才能获得今天这样的成绩。

　　近些年，继承和阐扬中国文化的优秀传统受到社会公众越来越多的关注。从上世纪 80 年代的所谓"文化热",已经演进到最近的"国学热"。如许多学者所指出,这一走向是同中国国势的崛起相关联的,从而必然还会发展扩大。这好比欧洲历史上的文艺复兴,重新重视古典,然而绝不是简单的回归和重复,继承与阐扬是为了文化的新的进步。中国的历史如此悠久绵延,文化如此繁盛丰富,把其中好的东西、好的思想介绍给大家,正是我们研究历史的学者应尽的义务。

《东周列国探秘丛书》又是区域历史文化研究的成果。很多人知道,古代历史文化系统性的区域研究,是在上世纪 30 年代从吴越文化研究开始的。后来 40 年代有巴蜀文化研究、楚文化研究,逐渐推广铺开,现在已形成多种多样的繁荣局面。这套丛书分别论述东周列国,有吴、越、徐、齐、鲁、楚、秦、燕、赵、韩、魏、巴、蜀等卷,将时代与区域结合起来,实有其独到之处。

东周列国多数在西周时业已存在,对于这些诸侯国的历史,研究者一般都自东周上溯。例如战国时的韩、赵、魏均源于晋,而晋国始封是西周初的唐叔虞,系武王之子、成王之弟,成王时周公灭唐,于是将其地封给叔虞,当时仍称唐国,到叔虞之子燮父迁晋,才改称作晋国,最近已有新出青铜器铭文印证。丛书中关于这一类问题,都有原原本本的交代,实际兼顾了西周的历史,这也是便于读者的地方。

东周历史长五百余年,千头万绪,十分复杂,列国之间更多相关,要想有通盘认识,必须有分有合,既作区域的深入分析,又有总体的综合考察。好在《东周列国探秘丛书》诸卷都先后成稿,读者如能遍览,对中国史上这一极为重要的关键时期,必会了然于胸,不负叶文宪先生和各位作者的苦心。

李学勤

2007 年 3 月 1 日于北京

目　录

一　鲁国之立

（一）鲁国得名，鲁城故貌

鲁国是西周时期的一个重要诸侯国，是周公长子伯禽的封国。为什么周公后裔所建的国家称为"鲁"呢？"鲁"之得名的原因，目前学术界有好几种说法：

有的说周公最初封在河南的鲁山，后来周王改封周公封国在山东曲阜一带，于是伯禽把"鲁"字之名带到了山东。有的说"鲁"字上面是"鱼"，下面是"日"。一说上为"鸟"，讹写为"鱼"。下面的"日"有的说是网，意思是鱼落入网中；有的说是"巢"，意思是鸟落巢中；有的说是高地，意思是鸟落到一片高地上。这后一种说法与"委屈"、"高阜"意思相近。"鱼"说表示东方有渔盐之利，"鸟"说表示东方的鸟崇拜、鸟图腾（图1）。

图1　甲骨文、金文和战国竹简中的"鲁"字
1. 甲骨文　2－4. 金文　5. 战国竹简文字

鲁国的国都在曲阜。"曲阜"一词开始出现在《礼记·明堂位》："成王以周公为有勋劳于天下，是以封周公于曲阜"。《尔雅·释地》说："大陆曰阜。"东汉应劭注说："在鲁城中有阜，委屈长七八里，故名曲阜。"曲阜曾是古奄国故址，还是古鲁国都城。据说鲁都的城址是由周公亲自卜定的，而且周公还对此都的规模、形制及布局进行了筹划。随后营建之役全面展开。鲁城的营建巧妙地利用了这里的地形特点。被称为"曲阜"的条带状隆起由东向西蜿蜒延伸，至今旧县村与古城村之间伏下，而至今周公庙一带又突起，再四面坡下，恰似巨龙昂首。这里在远古时期曾是大庭氏所居住的地方，故称大庭坡。鲁城的核心——宫城就规划在这里，以此为中心而四面筑起外郭城，可谓独具匠心。

此城规模宏伟，布局考究。整个鲁城的平面呈不规则的长方形，除南垣较平直外，其余三面城垣均明显外凸而略有曲折，四城角呈弧形，没有急转弯。经过实际测量，东垣长2531米，南垣长3250米，西垣长2430米，北垣长3560米，整个城

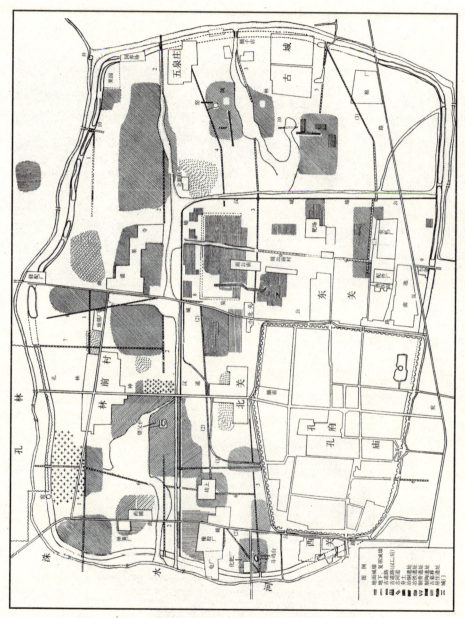

图2 鲁国故城遗址分布图（选自《曲阜鲁国故城》）

图3　鲁国故城城垣

图4　鲁城墓葬出土鲁国的铜盨

图 5　鲁城东周墓玉璧出土现场
（选自《曲阜鲁国故城》）

图 6　曲阜周公庙前的"曲阜鲁国故城"遗址保护碑

的总周长为 11771 米，总面积约 10 平方公里，大约相当于现在曲阜城的八倍。城的周围均有护城河，只有北城外的洙水，至今仍起排洪作用，其余三面均已淤塞。古书记载全城共有十二座城门：建春门、鹿门、始明门、史门、归德门、麦门、稷门、章门、零门、圭门、龙门、齐门。现今勘探中已发现十一个城门的位置。城内发现主要交通要道共十条，其中东西向的横向干道和南北向的纵向干道各五条。城内还有排水道系统。有鲁国宫殿区、贵族居住区、手工业作坊和墓葬区（图 2）。

此鲁城历经三千余年的风雨，其外郭城城垣至今犹有残存于地面之上者。我们从其残垣断壁遗迹中仍能领略到它极为宏伟的规模和气势（图 3）。整个鲁城城墙绵延如龙，矗立地面，现露于地面 780 米有余，宽厚高大，每面墙址的宽度大约是 38 米左右，推知当时的城墙应高 10 米左右。工程浩大，令人惊叹不已。

古鲁城内有许多文物珍宝。1953 年，在孔府后花园出土了一批西周时的铜器、蚌器。1968 年，北关出土了一批西周晚期的铜器。1973 年又在小北关发现了周代的铜鼎、铜匜、方壶与铜盘。在 1977—1978 年的勘探中，又出土了大量的珍贵文物，其中包括陶器、铜器、瓷器、蚌器、玉石器、骨角器与琉璃制品、镏金制品，完整的器物达上千件。其中西周墓出土的"鲁仲齐宝鼎"、"鲁仲齐旅甗"等青铜器，古朴完整，而且铭文清晰。东周墓中出土了大量的玉璧、镏金长臂猿带钩、错金银铜杖首、鲁国铜币、螭形玉佩、战国瓷器等，均为珍品，而且也是研究鲁国历史的重要文物资料（图 4、5）。

曲阜"鲁国故城遗址"是 1961 年国务院颁布的第一批"重点文物保护单位"之一。这一著名的古都，是一个非常适合人类生存的好地方（图 6）。早在鲁国建立之前，就有许多部族生活在这里，创造了灿烂的东方文明。

（二）少昊之墟，商奄旧地

西周初年，鲁国被周王改封在今天的曲阜。《左传》定公四年记载成王"因商奄之民，命以《伯禽》，而封于少皞（昊）之虚"。由于少昊部落曾经以鲁都曲阜为活动中心，所以这里被称为"少昊之墟"，而有时候，"少昊之墟"又被作为鲁国建都之地的代称，可见鲁国不是拓荒而立，而是建立在旧有的文化和经济基础之上（图 7）。不仅如此，从原始社会一直到周人建都曲阜之前，曲阜一带的东方文明远比周人进步得多。

与曲阜一带发达的原始文化相伴随的，是悠久的古史传说。许多著名的史前人物，都与这一带有关。虽然这些传说不等于历史，但是它们却在一定程度上反映着历史。

图7　少昊陵牌坊

图8　寿丘

在古史传说中，山东是东夷族的聚居地，曲阜及其周围一带就是东夷人的活动中心之一。有关东夷人的最古传说是太昊的事迹。太昊，又作太皞，风姓，也有人认为他就是始创八卦、教民结网、从事渔猎的伏羲氏。伏羲氏又作庖牺氏，即发明熟食的人。根据《左传》僖公二十一年的记载，春秋时期的任、宿、须句、颛臾等几个风姓小国，都是太昊的后裔封国，掌管对太昊与济水的祭祀。任国故址在今山东济宁市市中区，宿国地在今山东东平县稍南，须句则在东平西北，颛臾在今山东平邑东。这些小国都在曲阜周围，而且，颛臾在春秋时期主持对蒙山神的祭祀，与鲁大夫季氏的采邑费为邻，是鲁国的附庸，并处在鲁国境内。由此看来，太昊氏集团曾经在曲阜一带生活过。

太昊之后是炎帝和黄帝时代，炎帝族为姜姓，黄帝族为姬姓。关于他们的发祥地，史学界认识存有分歧，但是比较一致地认为炎、黄都与曲阜有重要关联。《史记》与《竹书纪年》记载炎帝曾经把都城从陈迁到曲阜，因此历史上也把曲阜称为"古炎帝之墟"。而关于黄帝，则有"黄帝生于寿丘"以及"黄帝自穷桑登帝位，后徙曲阜"等说，寿丘在曲阜城东（图8），今天依然有黄帝出生地的标志（图9）。穷桑一说在曲阜之北，或者就是曲阜。这些古老的传说透露了炎、黄二族都曾与曲阜有过千丝万缕的联系（图10）。

图9　寿丘标志坊

图 10　黄帝像

在有关曲阜一带的东夷人的传说中，既多而又具体的是关于少昊的传说。据说少昊名挚，号称金天氏，他"邑于穷桑，以登帝位，都曲阜"。穷桑、曲阜都是指后来鲁国建都之地，即今天的曲阜。所以曲阜一带有"少昊之墟"的称号。春秋时期的郯国（今山东郯城附近）是少昊氏的后裔。《左传》昭公十七年记载了其君郯子到鲁国朝见时，追述其先祖少昊"以鸟名官"的事迹：少昊初立时节，恰好有凤鸟飞来，所以就开始以鸟记事，各部门的官长都用鸟命名：凤鸟氏，掌管历法；玄鸟氏，掌管春分、秋分；伯赵氏，掌管夏至、冬至；青鸟氏，掌管立春、立夏；丹鸟氏，掌管立秋、立冬。祝鸠氏，就是司徒；䳑鸠氏，就是司马；鸤鸠氏，就是司空；爽鸠氏，就是司寇；鹘鸠氏，就是司事。这五鸠是聚集治理百姓的官。此外还有"五雉"是管理五种工艺的官；"九扈"是管理九项农事的官。现代学者多据此认为，少昊族是以鸟为图腾的部落，凤鸟是部落的总图腾，五鸟、五鸠、五雉、九扈共计二十四鸟则是各氏族的图腾。而且少昊氏所

图 11　少昊陵附近出土的
新石器时期黑陶高柄杯

设的官职，涉及了今天农历二十四节气中的八个，四季、二十四节气的雏形已大致具备。这反映出当时农业生产已有了相当的发展，人们已初步掌握了农业与历法节气的关系，并初步懂得以物候定农事的方法。少昊氏以鸟名官，一方面体现了这一农业管理方法，另一方面也反映了当时已经出现了整个社会管理职能机构的萌芽。此外，《左传》昭公二十九年记载："少皞氏有四叔，曰重、曰该、曰修、曰熙，实能金、木及水。使重为句芒，该为蓐收，修及熙为玄冥，世不失职，遂济穷桑。"所以少昊又有"穷桑帝"的称号。少昊氏的这四位"叔"（即弟弟）对他的成功也有帮助，这说明少昊在以曲阜为中心的地区势力发展得很大。据罗泌的《路史》统计，少昊氏后代有：偃姓国二十二个，嬴姓国五十七个，李姓国四个，纪姓国六个，蔑姓国二个，不知姓的六个，总共近百个。可见少昊氏是多部落的联盟，而且影响极大。

东夷族的另一位传说人物蚩尤似乎也曾驻迹于曲阜一带。蚩尤是东夷集团九黎族的首领，原居于少昊族的西边。"及少昊之衰也，九黎乱德"，蚩尤

部落乘少昊部落衰弱之际，东进而入主这一地区，"蚩尤宇于少昊"，最终占领了少昊族的地盘。后来蚩尤部落先后与炎帝、黄帝部落进行了两场大战。先是蚩尤在涿鹿大败炎帝，炎帝向黄帝求援，黄帝于是出兵与蚩尤展开大战，终于将蚩尤擒获。蚩尤被斩杀，身首异处，所以在今天曲阜一带有两座蚩尤冢，一座在今山东东平县境内，"高七丈，民常十月祀之，有赤气出，如匹降帛，民命之为蚩尤旗"；一座在今天山东巨野县，称"肩髀冢"。

黄帝处理完蚩尤之乱后，乃命少昊清（即少昊挚）为东方夷人的首领。大概在蚩尤之后，少昊部落又重新控制了曲阜一带，并且成为以黄帝部落为首的部落联盟的一员（图11）。

在少昊之后，与曲阜一带有关的传说人物还有颛顼。"颛顼始都穷桑，徙商丘"。可见他也在曲阜一带活动过。据说，颛顼是黄帝部落联盟中黄帝之后的又一位盟主，他应该是在被推为首领后又迁往商丘的。颛顼的后裔祝融之后分为八姓，殷商时期位于曲阜南面的邾娄国，即祝融八姓之一的曹姓国，是东方较大的一个国家，也是文化水平较高的国家。周人灭商之后，邾娄国逐渐被分为邾、小邾（倪）和滥三个国家。

舜是活动于曲阜一带的另一位东夷人首领。《周礼·考工记》说"有虞氏尚陶"，这里的有虞氏就是舜。《韩非子·难一》说："东夷之陶者器苦窳，舜往陶焉，期年而器牢。"可见，当时的制陶技术已有了一定的进步（图12）。《史记·五帝本纪》中记："舜耕于历山，渔雷泽，陶河滨，作什器于寿丘。"雷泽在今天的兖州，寿丘则在今天的曲阜。这说明舜在为帝之前，也是在曲阜一带发迹的。

图12 曲阜城东马庄出土的新石器时期的白陶鬶

尧、舜时期曲阜一带东夷人首领还有皋陶，皋陶也称咎繇。传说皋陶生于曲阜，是少昊之后，曾被舜任命为掌管刑法的官，深得舜的信任，享有很高的威望。后来，禹选举他为继承人，因为早禹而死未能即位。其后人南迁，在江淮一带建有英、六、蓼、舒蓼等小国，后来陆续被楚国灭掉。此外，春秋时期，鲁国城中有一座建于大庭氏之墟上的仓库，《左传》上称它为"大庭氏之库"，有学者认为大庭氏可能就是皋陶，他的字叫庭坚，所以称为大庭氏。

夏朝建立之前，曲阜一带的东夷人首领是伯益，嬴姓，他的后人运奄氏所建的奄国，就在今天的曲阜。相传伯益擅长畜牧与狩猎，能通晓鸟兽之语，被舜任命为掌管山林的虞官。又因为辅佐大禹治水有功，得到禹的重用，在皋陶死后，被禹选举为继承人。但是禹去世后，伯益由于辅佐禹的时间短，得不到诸侯的拥护，致使禹的儿子启取代了伯益之位。《竹书纪年》说"益干启位，启杀之"，这一记载应该符合历史事实。启用武力夺取了伯益的王位，从此王位世袭制代替了禅让制，历史已经进入到了文明社会。

伯益被杀，东夷人自然不会善罢甘休，所以后来又有了后羿代夏的事情发生。东夷人首领后羿，据说极其善射，民间有不少关于他的神话传说，如"羿去九日"，射杀猛兽长蛇，为民除害等。而此时是夏启的儿子太康在位，他喜欢游猎，不理民事，引起民众怨恨，诸侯离心。后羿便乘机"自鉏迁于穷石，因夏民以代夏政"，推翻夏朝的统治，夺取了太康的王位。所以后羿又号称"有穷氏"。曲阜自古有"穷桑"的称号，"有穷"或许由此而得名。

在商代，曲阜一带不仅是东夷人的活动中心之一，还曾是商王朝的政治中心。传说商的始祖契，是其母简狄吞吃玄鸟（燕子）卵所生，而以鸟为图腾加以崇拜正是东夷人的特点，显然商人应该出自东夷人。少昊氏以鸟名官，其中就有"司分者"的玄鸟氏，商人很可能就是从这个氏族发展起来的。早在商朝建立之前，商人就曾活动于曲阜一带。据考证，始祖契曾居于蕃，蕃大约在今山东的滕州。到契的孙子相土时，又东逾泗水，在泰山脚下建立据点，并继续向东扩进，甚至一直推进到了海边。商朝建立后，又有多位国君建都于曲阜及其周围。商朝的开国之君商汤所兴建的亳邑，其地在何处，学术界看法不一，王国维先生认为就在今山东曹县。在第二十位商王盘庚之前，商都曾屡次迁徙。第十三代商王河亶甲把王都由嚣迁到相，有学者认为，相在今天的洙泗流域。第十四代商王祖乙又由邢（耿）迁到庇，陈梦家先生以为庇就是春秋时期鲁国季氏的费邑。《竹书纪年》明确指出祖乙、祖辛、沃甲、祖丁等四王"居庇"，庇是商王朝重要的都邑，也是位置在最东方的都邑（图13）。第十八代商王南庚"自庇迁于奄"，奄即曲阜。南庚之后的商王阳甲与盘庚都是在奄即位的。盘庚即位后，为了更有效地控制中

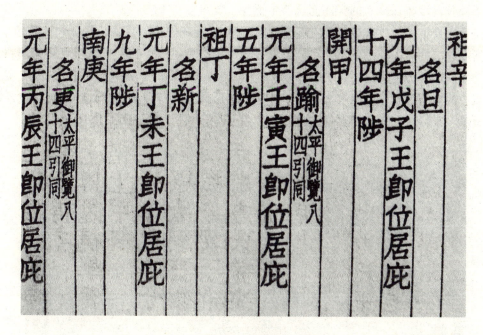

图 13　《竹书纪年》书影

原地区以维护自己的统治，又把国都从奄迁到殷，《尚书》中有《盘庚》三篇，记载了有关史实。在盘庚迁殷后，奄仍不失为商的东方重镇，商王也常常来往于奄和商之间。甲骨文中有不少"王入于奄"、"贞，今如奄"之类的记载。

　　到了商朝末年，奄已成为东方的一大方国，其统治范围几乎包括了整个汶泗流域，奄君即前面提到的伯益的后裔运奄氏。因为商朝曾建都在这个地方，所以又被称为"商奄"，而且史籍中往往"商奄"连文。奄国在商朝晚期到西周初年十分活跃。奄国对商王朝非常忠心。据载，周朝灭商后，奄君曾纠集东方部落追随商纣王的儿子武庚起兵叛乱，经过周公三年东征，奄国才被打败，其君被迁往薄姑，为了更好地治理东方，成王八年，周公的儿子伯禽"因商奄之民"而被封于"少昊之墟"曲阜。

（三）命周公后，鲁国得立

　　鲁国是姬姓封国，出自周族。相传周族是黄帝的后裔，最初居于邰（今陕西武功），始祖名弃。传说弃的母亲姜嫄是有邰氏的女儿，帝喾的元妃，她在出游郊外时，因践踩巨人的脚印而有孕生下弃。姜嫄以为不祥，便三次将他抛弃，但是每次弃皆获救，姜嫄认为有神灵保护他，于是将他抱回抚育。因曾将他抛弃，所以起名叫弃。弃不仅出身不凡，而且自小喜欢种植麻、豆，长大后更是精于农作。后来被尧任命为农官，教民耕种，号为后稷。由于农业与天文历法有很大关系，所以后稷又是观察天象，敬授民时的能手。后稷的事迹说明周族在很早以前就是一个从事农业生产的部落（图14）。

图14　陕西周公庙内后稷殿

大约在夏朝后期，首领公刘率领周人迁移到豳（今陕西旬邑），这里水源充足，土地肥沃，公刘在这里复修后稷之业，因地制宜，发展农耕，周族逐渐兴盛起来。公刘九传至古公亶父。因为遭到戎狄的威胁，古公亶父又率领周人离开豳地，越过漆水、沮水和梁山，迁到岐山之阳的周原（今陕西岐山）。在这里，古公亶父率领族人开垦土地，营建城邑，设置官吏。此时的周族已经踏上了阶级社会的门槛。古公亶父也因其功业，被周人追尊为"太王"。太王时代是周族势力大发展的时代。太王传位于幼子季历。早在太王以前，周人与商朝已有联系。季历时，周族仍臣服于商，在商朝的支持下，季历对邻近的戎狄部落展开了一系列的征伐，取得了很大的胜利，周人的势力因此得到进一步的发展。季历也被商王文丁封为"牧师",即诸侯之长。此时的周族已经成为商朝西方的强大方国。

由于周族势力的发展,引起了周与商王朝的冲突。为了遏制周族的发展,商王文丁杀死了季历。季历死后,其子姬昌继位,即后来有名的周文王。文王时期,周族的兴盛出现了前所未有的辉煌局面。文王注重修德,在诸侯中享有很高的威望。他招揽贤才,争取小国支持,积极发展力量,为灭商做准备。后来由于受到商纣王的怀疑而被囚禁在羑里(今河南汤阴北),周人向纣王献上美女、宝马等珍奇之物,讨得商纣王的欢心,结果不仅释放了文王,还任命文王为"西伯"(西方诸侯之长),并赐予"弓矢斧钺",表示文王有征伐诸侯的权力。这就是所谓的"文王受命"。

文王受命后,乘商纣王陷于与东夷族的战争,无暇西顾之机,凭借手中的征伐之权,对商朝西部的方国部落进行了一系列的征伐。先是讨伐周以北的犬戎和以西的密须,稳定了后方,然后向东扩展势力,伐黎、伐邘、伐崇,取得了辉煌的战绩。并且,崇成为周的与国后,文王在沣水西岸营建丰邑,把都城迁到这里。徙都丰邑之后不久,文王去世。据说,文王在位共五十年,在他去世时已形成了"三分天下有其二"的局面,为武王灭商准备了充分的条件。武王名姬发,为文王次子,继位后,重用周公、师尚父(姜尚)、召公、毕公等贤臣,在他们的辅佐下,武王加紧了灭商的步伐。在沣水东岸营建镐京,并在孟津(在今河南孟津县境内)大会诸侯,因时机尚未成熟,观兵而回。此后二年,武王见商王朝的内外矛盾更为严重,商纣王已陷于众叛亲离的困境,伐商的时机完全成熟,便亲自率领戎车三百乘,虎贲(勇士)三千人,甲士四万五千人,及友好邦国和庸、蜀、羌、髳、微、卢、彭、濮等部族的军队,于正月甲子日的清晨,在距离纣都朝歌七十里的牧野(今河南淇县南)与商纣王的军队展开决战。商纣王的军队虽然有十七万之多,但是大多数为临时拼凑的奴隶兵或战俘,没有战斗力,而周师却斗志旺盛,在强大攻势下,商军纷纷阵前倒戈。纣王见大势已去,逃奔鹿台自焚而死。接着,武王进入朝歌,举行了隆重的接受"天命"的仪式,正式宣告了商朝的灭亡与周朝的建立。据"夏商周断代工程"的研究成果,这一年为公元前1046年。

周人有"兴灭继绝"的传统,认为商纣王虽然"无道",但其祖先却没有什么罪过。于是,武王取得天下后,封商纣王的儿子武庚(禄父)于商朝旧地,统治殷遗民,以继续奉守商的祭祀,而且武王与周公也期望通过这种方式争取殷遗民的归顺。此外,武王把商王畿分为几个部分,由自己的弟弟管叔、蔡叔、霍叔进行监理,史称"三监"。

图15　曲阜周公庙元圣殿内周公塑像

　　然而，不幸的是克商后的第二年，武王就在镐京（今陕西西安西南）病逝，他的长子姬诵继位，这就是成王。然而，成王年仅十三岁，当时周王室初定，天下还没有稳定下来，年幼的成王还不足以承担周王所应承担的责任。在这种背景下，周公从周朝统治的大局出发，以冢宰的身份摄理国政，担负起稳定周朝统治的大任。周公名姬旦，是文王的儿子，武王的同母弟，成王的叔父，由于后来他的采邑是周人的龙兴之地周原（今陕西岐山），所以被称为周公。周公不仅在武王灭商的过程中举足轻重，而且在辅佐成王，巩固周的统治中发挥了无与伦比的积极作用（图15）。

　　可是周公摄政引起了管叔、蔡叔的不满，他们散布流言蜚语，说周公将对成王不利。武庚见周王室内部发生矛盾，便乘机联合管叔、蔡叔等反周势力，公然发动叛乱。在殷遗民势力集中的东方，有徐、奄、薄姑等十几个方国部落纷纷响应武庚叛乱。面对这种严峻的形势，周公表现出了卓越政治家的才能。他首先耐心说服召公与太公，要他们理解自己的一片苦心，同时代替成王大诰治事的大臣和众国小君，实现了"内弭父兄，外抚诸侯"。并且，成王二年秋，成王还在周公的感化下，消除了对周公的疑忌，于是周公大举兴师伐殷。这次征讨的结果是武庚北奔，管叔自缢，蔡叔被流放。然后，周公迁移殷遗民，在殷王畿之地建立宋国、卫国等。在平定武庚叛乱后，周公继续挥兵东进。因为以奄国为代表的殷商东方势力是周初社会动荡中的活跃力量，这些势力不清除，周朝的统治也就不能彻底稳固。据说周公接受辛公甲"大难攻，小易服，不如服小以劫大"的建议，先征服许多东夷小国和部落，使势力最强大的奄、薄姑陷于孤立，最后将它们灭掉。薄姑的国君与民人被迁往他地，而奄国的国君则被迁到薄姑，其宫室遭到彻底毁灭。从成王元年"武庚以殷叛"到成王三年"王师灭殷"前后历三个年头，而克殷之后开始伐奄，至成王四年"王师伐淮夷，遂入奄"，共历两年。经过这一系列艰苦卓绝的战斗，周公终于彻底平定了叛乱，稳定了周初的政局。

周初局势稳定下来以后，周初统治者很自然要考虑如何巩固这个来之不易的成果。如何控制广人的东方地区？怎样有效地维持统治秩序？这是周公等人必须思考的问题。周公以后实施的分封诸侯的制度，就是在这种背景下出台的。

据说，武王曾进行分封，除封商纣的儿子武庚于殷旧地外，还封神农、黄帝、尧、舜、禹的后裔，此外，对原殷商统治下的众多小邦进行认可。这些封国表面上看，与后世分封下的侯国与王室的关系差不多，而实际上，周王室对这些封国没有任何真正的具体措施进行政治管理，仅仅是认可而已。所以，武王时期的分封，只是夏、商以来传统的分封现象的继承，而不属于周代所创立的分封制度的范围。

周代的分封制度由周公创立。在这种制度下，周王室将自己的可靠力量分封在各个战略位置比较重要的地区，这样既可以镇抚殷遗势力，又可以藩屏周室，达到控制全国的目的。鲁国的建立就是在这一背景下实现的。

鲁国位于泰山的南面，地处商奄的旧地，担负着管理殷民六族，镇抚徐戎、淮夷的历史使命。但是初封时的鲁国并不在这里，这里是后来鲁国的建国之地。原来，初封时的鲁国在今河南鲁山一带，周公在武王灭商的第二年就已受封于此。由于当时戎马倥偬，天下未定，周公需留在王室辅佐武王，不能亲自就封，便由他的长子伯禽代为就封。而周公东征胜利后，为了把商奄旧地直接纳入周王朝的统治范围之内，伯禽便被改封在"少昊之墟"曲阜。《诗经·鲁颂·閟宫》篇对鲁国先封在鲁山后封在"少昊之墟"曲阜的情况有所反映。诗中追述成王封建周公长子伯禽，使他在鲁国做侯，接着又记叙封建伯禽于东，还赐给他山川、土田附庸。以前人们不了解诗中反映的是鲁国本不在曲阜，而是后来迁来的实情，遂认为诗中言两次封鲁是重复。其实，由于周公的巨大功勋，周对鲁非常重视与信任，成王希望封

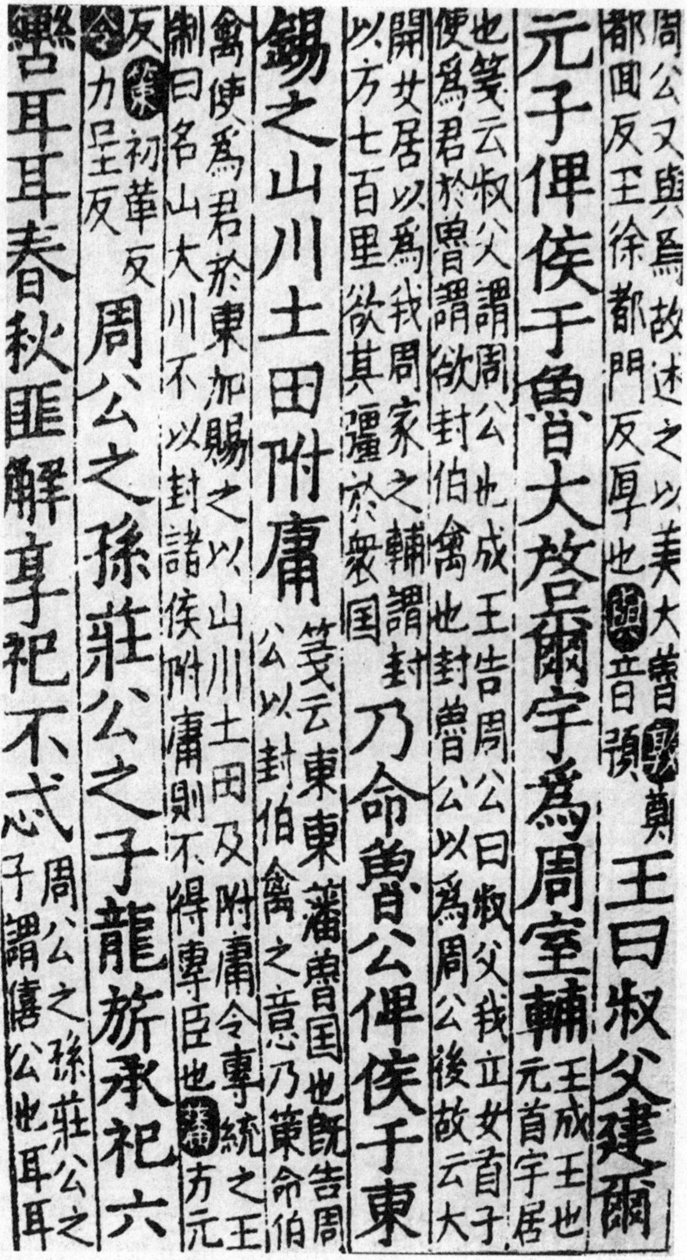

周公又與為故述之以美大矣

都閟反王徐都門反厚也屬音預

元子俾侯于魯大啓爾宇為周室輔 王曰叔父建爾 王成王也元首宇居

叔父謂周公也成王告周公曰叔父我立女首子便為君於魯謂欲封伯禽也封魯公以為周公後故云大

以方七百里欲其疆於眾國 乃命魯公俾侯于東 箋云東東藩魯國也既告周公以策命伯禽之意乃策命伯

開女居以為我周家之輔謂封伯禽也封魯公以為周公後故云大

錫之山川土田附庸 公以封伯禽之意乃策命伯

箋使為君於東加賜之以山川土田及附庸令專統之王制曰名山大川不以封諸侯附庸則不得專臣也方元

周公之孫莊公之子龍旂承祀六 周公之孫莊公之子

閟耳耳春秋匪解享于祀不忒子謂僖公也耳耳

图16　《诗经·閟宫》书影

图 17　鲁国故城护城河上的洙水桥

图 18　曲阜周公庙大门

建伯禽，使他为鲁侯，而鲁是周公的封邑，伯禽为鲁侯就可以开启和拓展周公之"宇"，作为周室的辅助。以后封建伯禽于曲阜，曲阜一带原可以称为"东"，所以诗中又说封伯禽于东，由此可见，封建鲁国是两次完成的（图16）。

《尚书·洛诰》也记载了成王"命周公后"的事实，也就是为周公在鲁国立后，命封伯禽的事情。而且，从中可以看出封建鲁国有尊礼周公、抚循周公功绩的意思。虽然就封鲁者是周公的儿子伯禽，但是曲阜城址的选择还是周公亲自卜定的。据《说苑》卷十四记载，周公用命龟占卜得出结论说："作邑乎山之阳。贤者茂昌，不贤则速亡。"这里的"山"指的是泰山，"山之阳"即泰山之南，也就是指泗水和沂水所夹的一片缓缓隆起的高地——曲阜，周公选定了泰山之南的曲阜后，伯禽才由河南鲁山迁往曲阜的（图17）。周公"卜居曲阜"，必然也会对此鲁国之都的规模、形制及布局等进行筹划。营建工作也当随即展开。鲁城能够出现在东方大地，是和周公的筹划分不开的。成王八年，伯禽被封于"少昊之墟"曲阜，真正建立起鲁国，从此代表周王室以征服者的姿态对这里进行有效的统治（图18）。

（四）伯禽封鲁，变俗革礼

伯禽，又称禽父，是周公长子，也是在曲阜就国的第一位鲁君。早在受封鲁国之前，他就已经是有所作为的人物。据记载，伯禽曾任王室的大祝之官，掌管祭祀告神的赞辞，也就是祝官之长。《大祝禽鼎》、《禽鼎》、《禽簋》等彝器上有铭文可以证明。而且周公东征时，伯禽率领国人参加了这场战争，是周王室的一只强大而可靠的力量。正是由于周公以及伯禽的重要地位和显赫功劳，伯禽受封的仪式非常隆重，得到的赏赐也特别优厚（图19）。

《左传》定公四年记载了这次与众不同的分封。成王除了把"少昊之墟"的土地和"殷民六族"的殷遗民封给伯禽外，还赐给他天子所用的"大路（天子祭天之车）"、"大旂（九旗之画交龙者）"、"夏后氏之璜（夏朝的宝玉）"、"封父之繁弱（良弓）"。此外，还有"祝、宗、卜、史、备物、典策、官司、彝器"。祝即大祝；宗即宗人；卜即大卜；史即大史；备物即服饰器物；典策即典籍简册，由于周天子以鲁国为宗周在东方的代理人，还赐以典策，也就是记载周代礼乐的典籍。官司即百官，包括原为周天子服务的国家职事人员，有若干卿、大夫、士。彝器即常用器。因此，鲁国受封的时候就已经职官、典籍、礼器一应俱全。不仅如此，鲁国还被特许享有天子的礼乐。除此之外，鲁国受封的疆域也非常辽阔。《礼记·明堂位》记载："是以封周公于曲阜，地方七百里，革车千乘，命鲁公世世祀周公以天子之礼乐。"（图20）汉代大经学家郑玄解释说："鲁君作为上公，其封地应为每边长五百里，面积为二十五万平方里，加上二十四个方百里的附庸国的面积二十四万平方里，共为四十九万平方里。以开方计算，得每边长七百里。"当然在实际上不可能如此整齐划一，但是这表明了鲁国受封的特殊性。鲁公受到周王的特加封赐，一跃而成为东方大国。

对鲁国来说，这些封赏既是一种荣耀，更是一种地位。这些丰厚的赏赐，优厚的待遇，都是别的诸侯国所望尘莫及的。这都说明了王室对鲁国的重视和当时鲁国在诸侯国中的特殊地位。

伯禽就封之后不久，徐戎、淮夷等部族便乘他立足未稳起来反叛。伯禽立即率军讨伐，在费地（今山东鱼台境内）积聚粮草，构筑工事，举行誓师，严明军纪，最后平定了叛乱。《尚书·费誓》便是伯禽率军征讨时在费地的誓师记录。然而，此后很长时间内，商奄和周围土著部落的反抗仍然是接连不断，伯禽一直到去世时，也没有完成建都曲阜的任务。但是伯禽到鲁地后，利用自己年富力强、精力充沛的优势，对当地"商奄之民"的风尚进行了变革。

图19　禽鼎铭文

《史记·鲁周公世家》记载：伯禽就封鲁国三年之后，向周公汇报政绩。周公问："为什么这么晚才来报政呢？"伯禽回答说："我变革当地的风俗，废除当地的礼仪，丧事要过三年才能除服，所以汇报来晚了。"而当时姜太公被封于齐国，五个月后便向周公报政。周公问："为什么报政来得这样快呢？"姜太公回答说："我简化了君臣之间的礼节，顺应当地礼俗处理政事，所以报政来得快。"周公听了之后感叹说："哎呀！鲁国将来必定要北面向齐国称臣了！为政如果不简便易行，人民就不肯亲近；为政简便易行而亲近人民，人民就一定会归顺。"从这段记载中，我们可以看出鲁对当地礼俗的态度与齐国完全不同。太公实行的是"从俗简礼"，而伯禽实行的是"变俗

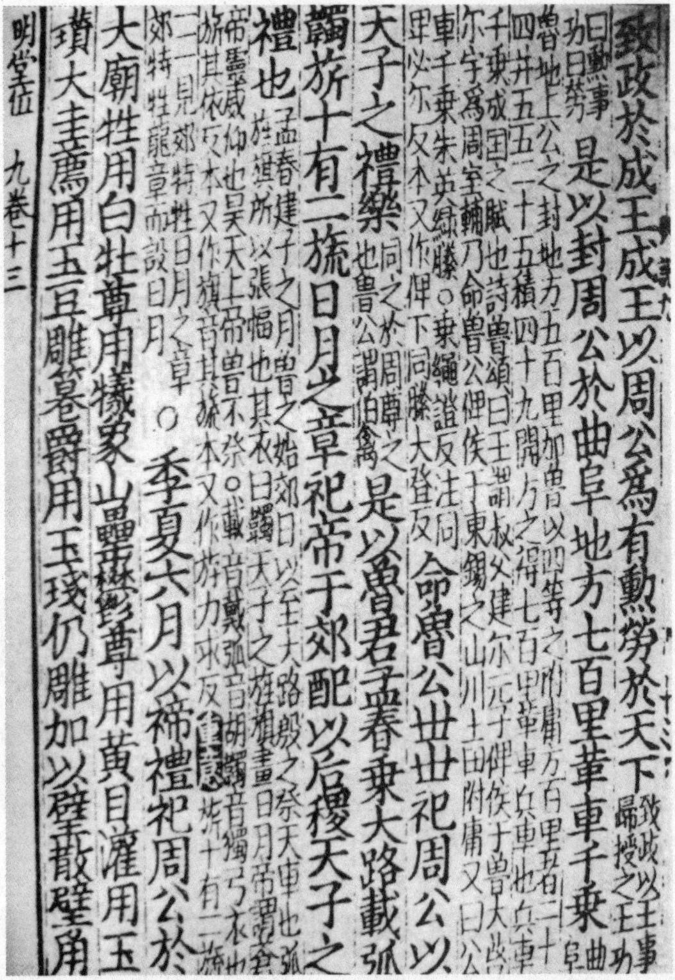

图20　《礼记·明堂位》书影

革礼"。而且，还可以看出，伯禽的这种做法是与周公意愿相违的。周公明知鲁地受殷商文化熏陶极深，所以希望鲁国遵从当地习俗，因为只有这样才能更好地笼络当地居民。由此来看，在对待当地人民的政策上，伯禽的"变其俗，革其礼"就不如姜太公的"从其俗，简其礼"。

那么，"变其俗，革其礼"，变谁人之俗？革谁人之礼？

从鲁人构成上看，鲁国国民主要有三部分，即周人、殷人和奄人。周人主要是鲁国公族，这是周初每个同姓诸侯国都有的，人数不多，有学者估计不过两千五六百人。殷人是指伯禽受封分得的"殷民六族",即条氏、徐氏、萧氏、索氏、长勺氏、尾勺氏六个殷遗民的氏族。他们原来是商朝王畿及其周围方国的殷民,武庚叛乱被平定后,为了防止殷民再起,周王室对他们采取了分而治之的方法,其中一部分被分赐给诸侯,鲁国分得了"殷民六族"。这六族到鲁国来时是举族迁来的,他们的大宗率领他们的分族,长途跋涉,来到鲁国。除周人与殷人外便是大批的奄人,他们原来就居住在这里,是这里的土著居民。随着这一地区成为鲁国的统治区域,原来的奄民也就成了鲁的臣民。"变其俗,革其礼"主要是指对当地商奄人民进行礼俗改革。伯禽在鲁国采取了强制推行周文化,彻底变革商奄旧有礼俗的措施。

不仅如此,伯禽还执行"尊尊亲亲"的政治路线。伯禽封鲁后,周公对他寄予厚望,希望他能担负起为王室镇守东方的重任,曾一再教导他要谨慎从事,礼遇才智之士。《史记·鲁周公世家》记载,伯禽临去鲁国前,周公告诫伯禽说:"我作为文王的儿子,武王的弟弟,成王的叔父,在天下地位也不算低了。但我常常洗一次头三次提起头发,吃一顿饭三次吐出口中的食物,起身接待天下的贤士,这样还怕失掉天下的人才。你到鲁国后,千万不要因为是国君就轻慢士人。"周公希望伯禽礼贤下士,广罗人才,更好地治理鲁国。但是伯禽似并没有贯彻周公的这一政策,而是坚守着"尊尊亲亲"的宗法原则。《汉书·地理志》与《吕氏春秋·仲冬纪》上记载着这样一个故事:姜太公始封齐国的时候,周公问他:"怎样治理齐国?"太公说:"举贤而尚功。"周公说:"这样后世必定会出现篡杀国君的大臣。"周公始封时,太公义问周公如何治理鲁国,周公回答说:"尊尊而亲亲。"太公说:"如此后世鲁国就要逐渐衰弱了。"周公还说:"鲁国虽然会衰弱,但是拥有齐国的未必就一定是吕氏姜姓的人了。"这之后,齐国日渐强大,甚至称霸诸侯,历经二十四世而被权臣田成子篡国,姜姓齐国变成了田氏齐国。而鲁国虽然逐渐衰弱,却经过三十四世才被楚国灭亡。这段记载里关于周公与姜太公的对话应不会是当时俩人的对话实录,而是后人对鲁、齐两国治国方法的总结。然而,它却道出了鲁、齐两国在治国用人策略上的各自特点。而鲁国的这一特点,应当就是在伯禽时期形成的。那么,为什么伯禽不谨遵父命,礼贤下士,而是"尊尊亲亲",把对人才的选用严格限定在"伯禽之后"的鲁国公族范围之内呢?

原来,伯禽的"变俗革礼"与"尊尊亲亲",都是由当时复杂的鲁国形势决定的。伯禽受封的鲁地,原本是殷商势力非常强大的地区,伯禽被封到这一地区之前，这里的东夷各部就曾响应武庚的叛乱，起兵反周；而在伯禽就封以后，当地土著部落仍然不断地反叛，双方斗争激烈，以至鲁国的统治在很长时间内都不能稳固下来。在与土著部族尖锐对立的形势下，伯禽自然难以礼贤下士，广罗人才，而只能依靠周人的力量。

当然，最重要的原因还是鲁国国民的构成，这影响和决定了鲁国的统治政策。鲁国对殷遗民采取怀柔与拉拢的政策，而对奄人则不同。奄人与殷人本来在政治上联系密切，奄又称"商奄"便很能说明问题，然而，奄人毕竟与殷人有些差异。迁移来的"殷民六族"已经归顺，而当地的土著居民奄人却是接连不断地反抗，而且还相当激烈。据记载，当初直接鼓动武庚叛周的就是奄国国君。所以伯禽趁着自己年富力强，下了很大力气改造奄人。例如，三年之丧本来是殷人旧制，周人与鲁国先君都没有实行，奄人也没有行用此制，伯禽治鲁，却在奄人中推行此制，企图改变奄人旧有的礼俗。以后不仅在奄人中实行三年之丧，而且也有在周人中实行三年之丧的记载。鲁国、周王室、姬姓国晋国都有这种丧制存在。除了让奄人执行殷商的礼俗外，伯禽还把周人的观念与意识注入当地人的理念中。周公曾经谆谆教导伯禽要注意吸收殷亡教训，要勤政尚德，从民所欲，对此伯禽身体力行，并贯彻到教化当地土著居民上来。鲁人勤劳无逸、崇德尚义的社会风气应该就是从伯禽这里开始形成的。

总的来说，正是因为鲁国初年的形势是复杂的，民族构成也不单纯，伯禽要笼络殷商旧贵族，便不能不在某种程度上改变当地原有居民的礼俗，对原有的当地人民进行一些触动，而这种触动还必须有一个重要前提，那就是首先保障周族人的统治。所以鲁国虽然也在某些方面保持着崇尚贤能的风气，但是最后还是以"尊尊而亲亲"为治国原则，使统治权不离开姬姓贵族之手。可以说，伯禽起初的"变俗革礼"，与后来的"尊尊亲亲"一样都是为了最大可能地确保政权牢牢掌握在周人手中。

（五）周社亳社，鲁国双立

社，即土地神。传说远古时期共工氏的儿子句龙，掌握九州各种土壤的性能，人民从中得到益处，感念他的功德，所以后世祭祀土地神的时候就用他的神主来配享，称为后土。上自天子下至平民百姓都要封土立社。诸侯国中立的社叫国社。在鲁城曲阜内，周社与亳社并存是一个值得注意的现象。

周社即周人的社，对周人来说，周社就是国社。鲁国的统治者为周人，又是周公的后代，鲁城内立周社以为国社是情理之中的事。而亳社是殷人的社。亳本来是商朝的开国之君成汤的故都，所以殷人保存有在亳都的社坛，叫做亳社。亳社作为殷人的社，在殷商时代是殷人重要的宗教活动场所。周灭商后，分封的众多诸侯国中，立有亳社的就只有鲁国和宋国。宋国是商纣王的庶兄微子启的封国，周朝分封它是为了让它承守殷商的祭祀，所以宋国立有亳社。鲁国也立有亳社，而且与周社并立，分别位于鲁宫雉门的左右。那么，既然商朝已经灭亡，鲁国为什么还要立殷社呢？

原来，鲁国立有亳社是因为鲁国有众多的殷商遗民。周人虽然在政治上享有一定的特权，但是周人数量毕竟不多，相反，殷遗民数量却不少。从记载看，"殷民六族"到鲁国是由族长统领，大宗所属各小宗之族，还有附属者，整族迁往鲁地，服从周人的统治，人数当然不会少。其中有些是世传的从工之族，如索氏以制绳索为业，长勺氏、尾勺氏以造酒器为业等。这众多的殷遗民来到鲁国后，依然是聚族而居，形成一股强大的势力，而且奄人与殷遗民在感情上比较贴近，这就决定了鲁国周人决不能以强力统治殷人。可以想见，鲁在殷商势力极重的东方，还要对付淮夷、徐戎等，形势不容他们掉以轻心。在西周克殷以前甚至以后的一个阶段里，周人尚且不能与殷商相比。由于殷商各种矛盾极端尖锐，周人才乘机夺得天下，而夺取天下后，周人依靠武力优势，自然要对继续顽抗者进行镇压，而对于放下武器的降服者要加以安抚和笼络。这正是周初周公等政治家的高明之处。这也要求担负镇抚东方使命的鲁国既不能大权旁落，又要对殷人实行"统一战线"的政策。所以，鲁国的殷民虽然没有掌握鲁国政权，但他们并没有受到压抑和歧视。鲁城中立有亳社就是一个有力的例证。

过去一般认为亳社是"亡国之社"，以为诸侯立亳社是为了"戒亡国"。这种解说自汉朝的学者就有了，然而，这种理解是错误的。事实上，鲁国立亳社的地方不仅是朝廷所在的地方，也是执政大臣处理国家大事的地方，位置非常重要，所以亳社并不像有人所说的那样，是一座"极其简陋"的建筑，仅仅作为"亡国之社"起告诫国人的作用。亳社的地位在鲁国还相当重要，在鲁国的政治宗教活动中非常受人重视。因此当时人形象地称执政大臣为"间于两社"。

根据《左传》昭公十年的记载，鲁国伐莒国，获胜后，奉献俘虏，开始在亳社用人祭祀。定公六年，季氏家臣阳虎专权，与定公以及三桓在周社设盟，与国人在亳社设盟。哀公七年秋天，鲁国攻打邾国，取得胜利，押解邾国国君邾隐公回国，在亳社举行奉献俘虏的仪式。所以说鲁国的亳社不仅可以盟誓国人，而且依然有祭祀活动。不仅如此，我们还可以从中看出鲁国的国人以殷民为主，殷人的社——亳社在鲁国还相当受重视。

在鲁国，周社与亳社并立，是一种耐人寻味的现象。纵观鲁国历史，亳社一直是存在并发挥着重要作用的。周人利用保存殷遗民的政治宗教场所——亳社来消除殷遗民的敌对情绪，并有效地进行统治。当然，鲁国有亳社，并不是说鲁国的殷遗民与鲁国的公族政治地位没有什么差别，但至少它表明了殷遗民并非"种族奴隶"，表明了周人对殷商遗民采取了怀柔与拉拢的政策。

（六）启以商政，疆以周索

根据《左传》定公四年的记载；鲁国与卫国受封时，周王室要求它们"皆启以商政，疆以周索。"政，也就是征，指征收赋税的方式；索也就是绳索，这里指的是丈量土地的方法。这两句话是说鲁、卫采用周朝的制度来丈量划分土地，而采用商朝的赋税征收方式。而与鲁、卫两国相反，晋国受封时，却是"启以夏政，疆以戎索"，也就是说晋国采用戎人的方法丈量土地，而采用夏朝的方式征收赋税。

鲁国是周公的儿子伯禽的封国，卫国是武王的弟弟康叔的封国，晋国是成王的弟弟唐叔虞的封国，三国的统治者都是周王室的懿亲。那么，为什么鲁、卫和晋三国在治理国家时采用两种截然不同的经济管理方式呢？这与鲁、卫、晋三国刚刚建国时所面临的具体形势有密切联系。

卫国被封于今天河南北部和河北南部一带，这里正是著名的"殷墟"，卫国的统治就是以原商都为中心的，所以卫国所面临的是浓重的殷商文化势力。与卫国相同，鲁国封域处于商奄旧地，这里在殷商时期类似殷商的"陪都"，殷遗势力同样浓重。而且，康叔始封卫时，分得"殷民七族"，而鲁国分得"殷民六族"，两国都负责殷遗民的治理和改造。这种形势决定了周初鲁、卫等国在制定统治措施时，必须兼顾当地的具体实际，才不至于引起殷遗势力的反抗情绪。既然鲁国、卫国都是殷商遗民比较集中的地区，他们已经习惯了商朝的赋税征收方式，继续沿用旧有的征收方式，能在一定程度上起到减轻他们反抗情绪的作用。这应该是周统治者在经济上制定的统治殷民的最好方针。

晋国被封于山西一带，这里是夏墟之地，控制着夏遗民"怀姓九宗"。晋国始封的区域在当时比较落后，它的北部就是各部戎人居住的地区，夏遗民与戎族各部联系密切，而且土地辽阔，不需要精确丈量，所以对他们来说，习惯了用戎人的方法丈量土地，一直沿用的就是夏朝的方式征收赋税，所以晋国采用的经济政策就与鲁国、卫国的"启以商政，疆以戎索"截然不同，而是采用了"启以夏政，疆以戎索"。

（七）炀公徙鲁，筑茅阙门

根据《汉书·律历志》或《史记集解》，伯禽在位长达四十六年（或说三十余年），然而在他统治期间，由于采取的某些措施政策不当等原因，鲁国一直也没能安定下来。伯禽死后，他的儿子考公酋继位。考公在位四年就去世了，由他的弟弟熙继立为君，就是鲁炀公。炀公在位六年，在他统治的时期，鲁国的统治终于稳固下来。

关于炀公的事迹，文献中只有两条，一条是"炀公徙鲁"，一条是"筑茅阙门"。据《史记集解》，茅阙门之"茅"又作"第"或"夷"。仅据这些资料是很难弄清楚当时鲁国的形势与炀公"徙鲁"、"筑门"的详情的。然而，西周青铜器沈子簋却为我们解决这一问题提供了重要依据。据学者考证：沈子，名它，是炀公的儿子，因为克蔑有功，被封在沈地。沈子簋的铭文就是他受封后在封邑宗庙昭告炀公的告辞。在告辞中，沈子它先追述了先王先公克殷的事情，接着又追述他的父亲炀公"克渊克夷"的功业。最后又叙述自己克蔑受封沈地的事情。在这里，"渊"是"奄"的借字，指的就是位于曲阜一带的原奄国。"夷"指的是其他东夷部族。而沈子它所攻克的蔑在与今曲阜毗邻的泗水境内。由此可知，在炀公即位时，曲阜一带的奄、夷等部族反抗势力还没有真正归顺，经过炀公以及他的儿子沈子它的努力征讨，才彻底将他们打败。或许正是因为当时形势恶劣，如果立年幼的国君难以担负与奄、夷斗争的重任，炀公才得以继承他哥哥考公的君位而成为鲁公的。

经过伯禽、考公、炀公两代三君的努力，鲁国终于在曲阜一带站稳脚跟。正因为如此，炀公才能够在曲阜建都，并且有了"徙鲁"的举动。

图 21　曲阜出土汉代石阙

既然伯禽时鲁国已经从河南鲁山迁到了曲阜，那么，"炀公徙鲁"又是怎么回事呢？对此，清代的学者给了我们正确的解释。

　　原来，鲁都本来有两个城，一个是"少昊之墟"曲阜，伯禽所封；一个是古奄国旧都也就是奄城。两者相距不过三、四里，后来还被连接起来，成为一城。当初周公东征，征服了奄地后，成王把鲁国由河南鲁山改封到了奄地附近的"少昊之墟"曲阜，但是周人并没有直接占领奄人居地。奄人虽然早被征服，但他们并没有心悦诚服，而是不断地反抗，所以又有了炀公"克渊（奄）克夷"的举动，打败奄人以后，为了更好地控制奄人，炀公就把鲁国都城从"少昊之墟"曲阜向西南迁徙到奄人居住的城，并专门筑建"茅（夷）阙门"来纪念他自己"克渊克夷"的功业（图21）。

　　炀公开始迁到古奄城后，传十数代，到春秋中期鲁僖公时又迁回了"少昊之墟"曲阜。《史记》中所说炀公所筑的"阙"在奄城，僖公又迁回曲阜后，奄城宫室逐渐毁弃，只有"阙"仅存（图22）。

图22　曲阜阙里牌坊

二 鲁国发展

（一）一继一及，鲁国之"常"

按照周朝的宗法制度，天子或诸侯之位均应该由嫡长子继承，在无嫡长子的情况下，则由嫡次子继承，无嫡子时则由庶长子继承。然而，西周时期，从伯禽开始，相继为鲁君的共十二人，从鲁公世系表上看，鲁君的承传形式几乎全部是继及相间，也就是父死子继和兄终弟及相间，这就是所谓的"一继一及"。

西周时期，鲁国的君位传承关系具体情况是：伯禽死后，由他的儿子考公酋继位。考公在位四年而卒，由他的弟弟炀公熙继位。炀公在位六年而卒，由他的儿子幽公宰继位。幽公十四年，幽公的弟弟杀掉幽公而自立，就是鲁魏公。魏公在位五十年，死后由他的儿子厉公擢继位。厉公在位三十七年卒，鲁人立了他的弟弟献公具为君。献公在位三十二年卒，由他的儿子真公濞继位。真公在位三十年卒，由他的弟弟武公敖即位。在这一段时间的君位继承中，父死子继与兄终弟及各有四例。如果仅仅从表面上看，很容易给人造成"一继一及"为鲁国君位继承常规的错觉。实际上，这只是表面现象（图23）。

让我们来看看在这一时期，以弟弟的身份即位的四位鲁君的背景吧。

炀公是以弟继兄为君的，但是炀公的哥哥考公在位仅有四年就死了，极有可能是年轻夭折，没有留下子嗣，只好由弟弟炀公即位。而且，当时鲁国建立不久，奄、夷各部反抗还相当激烈，建都曲阜的重任还未完成，就算考公留下年幼的子嗣，也很难担当起鲁公的责任来，所以也只能由考公的弟弟炀公即位。如此说来，炀公的即位或者是事属偶然，或者为形势所迫。魏公是以杀掉其兄的方式夺取君位，对此，史书有明文记载。而献公取得君位的方式，虽然史书只说是由鲁人而立，其他并未言明，但其间恐怕也有一场围绕权力的争斗厮杀。按照周代的谥法："杀戮无辜曰厉"，擢死后谥号为"厉"，不是因为他在位时残暴无道，就是他的弟弟献公具出于对他的仇视而给予的恶谥。唯武公继其兄真公而立的原因不明，当然也不能排除夺取或真公无子等原因。

此外，特别值得注意的是，《史记》对"父死子继"与"兄终弟及"两种即位方式的表述语气明显不同。考公、幽公、厉公、真公四位都是以子继父君位的，可能由于他们的继立是顺理成章的事，因而表述语气自然流畅，而对于炀公、魏公、献公、武公四位以弟继兄的情况，则要解释他们继立的原因，如果由于资料缺略，找不到原因，表达方式就比较隐晦了，司马迁的表述语气中仿佛隐含着当时经历了一个选择过程。

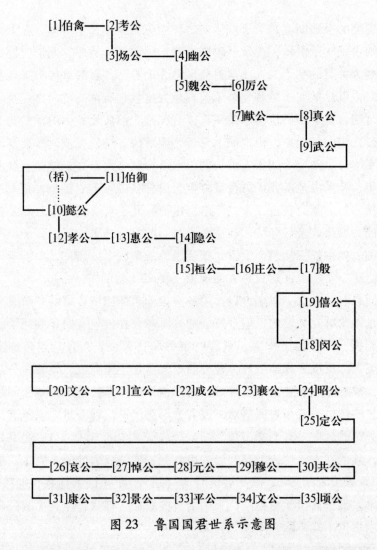

(公元前1030年—— 前249年)

[1]伯禽——[2]考公

[3]炀公——[4]幽公

[5]魏公——[6]厉公

[7]献公——[8]真公

[9]武公

(括)——[11]伯御

[10]懿公

[12]孝公——[13]惠公——[14]隐公

[15]桓公——[16]庄公——[17]般

[19]僖公

[18]闵公

[20]文公——[21]宣公——[22]成公——[23]襄公——[24]昭公

[25]定公

[26]哀公——[27]悼公——[28]元公——[29]穆公——[30]共公

[31]康公——[32]景公——[33]平公——[34]文公——[35]顷公

图23　鲁国国君世系示意图

　　通过以上的分析和对比，我们完全可以相信西周时期鲁国的"一继一及"并不是鲁国的君位继承常规，而是由特殊情况下的传承关系造成的偶然现象，嫡长子继承制才是鲁国之"常"。

　　需要说明的是，西周时期鲁国的这种继承制度对于春秋时期的鲁国也有影响。例如，庄公有三弟：庆父、叔牙、季友。庄公生病时，问叔牙何人可以继承君位，叔牙回答说："一继一及，是鲁国的常规。庆父在，可以继承您的君位。"春秋后期，执政卿季平子对昭公不满，不愿立他的儿子，想立他的弟弟，于是趁昭公出逃国外的时候，向炀公的神主祷告，这是由于炀公是以弟继兄的先例。昭公的弟弟宋即位后，又立了炀公庙，以此表示兄终弟及在鲁国是有先例的。可以看出，这些都仅仅是违制者的一个借口。

（二）宣王择君，诸侯叛王

西周时期，从伯禽到武公九位国君统治期间，鲁国正处在平稳发展的阶段，虽然也因时有"兄终弟及"导致政局的短期动荡，但是毕竟仅仅波及鲁国朝廷，对当时的社会冲击不大。而武公去世后，周宣王强行为鲁国择君，引起了一次历时长、危害大、影响极坏的内乱。

按照周王朝的制度，诸侯要定期朝见天子。鲁武公九年（公元前817年）春天，武公携长子括与少子戏去朝见周宣王。宣王非常喜爱戏，想立戏为鲁国太子。当时周朝大夫樊仲山父竭力劝阻宣王，说："废除长子而立少子，这是不顺情理的做法；不顺情理，鲁国必定违犯王命而不从；而一旦违犯了王命，就必定要诛杀他。因此天子出令不可不顺情理。命令行不通，则王政无法建立；推行政令而不顺于情理，人民将背弃他们的主上。下级事奉上级，年少的事奉年长的，这就是顺情理。现在天子封建诸侯，而立他的少子为储君，这是在教百姓违背君命。如果鲁国听命，诸侯纷起效法，则王命无法实行；如果不服从而诛杀他，这是自己在否定王命。所以一旦不服从，您诛杀他是失误，不诛杀他也是失误，君王您还是仔细考虑考虑吧！"樊仲山父明言立子以长为顺，立长是王命（这里指的是先王之命），宣王废长立幼是违背王命，宣王如果为鲁硬立少子为储君，就会引起诸侯的叛逆。但是对这样苦口婆心的劝谏，宣王置若罔闻，还是立了戏为鲁太子。这年夏天，鲁武公回国后就去世了，戏即位为国君，这就是鲁懿公。

事情果然如樊仲山父所料，对于懿公的即位，他的哥哥括虽无反应，但是括的儿子伯御却因失去君位继承权而心怀不满。懿公九年，伯御率领鲁人攻杀懿公，被立为君。伯御在位十一年，周宣王为维护王室的尊严，出兵讨伐鲁国，杀死伯御，并询问鲁国公子中谁能顺从王命，训导诸侯。樊仲山父再次进言说："鲁懿公的弟弟称，恭敬鬼神，尊奉长老，处理民事与刑事，一定要先问求先王遗训，咨询过去的经验，而实施起来又不违反所问求的，不违背所咨询的。"对樊仲山父的这次进谏，宣王欣然接受，于是在宣王的祖父夷王庙中举行册立仪式，立称为鲁君，这就是鲁孝公。

"宣王为鲁择君"一事，说明周天子对诸侯来说还有相当大的权威，但是，由于嫡长子继承制早已深入人心，为天下人共同遵守，所以这次宣王的违制带来了严重的后果。"自是后，诸侯多畔（叛）王命。""从是而不相亲睦于王"，从此以后，诸侯大多违抗王命，周天子的权威开始逐渐下降。

（三）隐公居摄，桓公弑立

宣王为鲁择君引起的政局动荡，以宣王伐鲁，诛杀伯御，另立孝公而告终。孝公在位共三十年，他统治的末年已经进入春秋时期。孝公死后，他的儿子弗湟即位，就是鲁惠公。惠公在位四十六年，死后由长子隐公息姑摄政当国。隐公在位十一年，未曾举行过即位的仪式，也从未以国君自居。正是由于他笃守居摄之义，所以死后谥号为"隐"，按照周朝谥法"不尸其位为隐"。那么，隐公为什么不能正式即位呢？

原来，惠公的元妃孟子是宋国国君的女儿，没生儿子就去世了。惠公又以孟子的随嫁媵妾声子为继室，生了息姑。后来惠公又娶了宋武公的女儿仲子为夫人。据说仲子出生时，手掌上有"为鲁夫人"几个字，所以嫁给了鲁惠公，后来生子名允。这样一来，虽然息姑是长兄而允是幼弟，但却是兄贱弟贵，允被立为太子，就是后来的鲁桓公。惠公去世的时候，允年龄还很小，不能承担国君的责任，所以国人就让息姑代替他处理国事，史称"隐公摄政"。我们可以非常清晰地看出鲁国奉行的一直就是嫡长子继承制，立太子时遵循"立嫡以长不以贤，立子以贵不以长"的原则，隐公摄政便是这种观念下的产物。

隐公摄政确实非常有诚心，对鲁国的内政与外交也颇有建树。在鲁惠公时期，鲁国在外交上比较孤立，与齐、郑、宋等大国都断绝了关系。隐公居摄后，便致力改变这种被动局面。先是"求好于邾"，与相邻的邾国结成盟国，又"求成于宋"，与宋国通好，继而与戎、郑、齐等国修好，恢复了关系。后来郑国以宋国不朝见周天子为名，与齐、鲁两国谋划伐宋，隐公积极响应，出兵参与，在菅（宋地，今山东单县北）打败宋军，郑军后到，乘胜攻下郜（今山东成武县东南十八里）、防（今山东金乡县西南六十里），郑庄公把这两个宋邑都送给了鲁国。用清人马骕的话说，这时的鲁国"用师宋郊，连兵许国，直于齐僖、郑庄并驾中原"。

不仅如此，隐公还始终恪守摄位之礼。惠公去世时，因为正值鲁、宋两国交兵，太子又年幼，葬礼不很完备，后来改葬惠公时，隐公不以丧主的身份到场哭临。他的生母声子去世后，没有给诸侯发讣告，安葬后也没有回到祖庙号哭，更没有把她的神主放在她婆婆神主的旁边，也就是说没有以国君夫人的礼节安葬母亲。而对弟弟桓公的生母仲子的去世，隐公却是严格按照国君夫人的礼节进行安葬，而且还特意为她建成了祭庙，在祭庙献演万舞时，还特意询问大夫众仲执羽舞人的人数，以便合于礼法。还有，鲁大夫众仲死时，隐公也没有参与小敛，而大夫死国君亲视小敛是当时的礼节。总之，隐公的所作所为都是为了表明自己不敢以国君自居，自己仅仅是替弟弟摄位。

不过，隐公也有一次违礼的行为。隐公五年（公元前718年）春天，他打算到棠（今山东鱼台县东北）观看捕鱼。大夫臧僖伯认为国君不应涉及这些无关国家大事的举动，极力加以劝阻。但是隐公仍然以视察边境为借口到了那里，让渔人出动捕鱼供自己观看。臧僖伯则称病没有跟随。这年冬天，臧僖伯去世。隐公因为没有听从他的劝谏而痛心地说："叔父对寡人有不满，寡人不敢忘。"并按原等级加一等安葬僖伯，以表达自己的悔悟之意。

隐公摄政十一年，桓公已经长大，隐公打算把君位交给他，孰料还没等到让位，就萧墙生变，自己连性命也赔了进去。

原来，鲁国宗室有一位公子翚，字羽父，此人权力欲很强，一向恣意专行，不听政令。隐公四年（公元前719年），宋国联合卫、陈、蔡三国伐郑，请求鲁国出兵，被隐公拒绝，但是他却执意请求后带兵参加了战争。《春秋》对此进行记载以表示对他的厌恶。隐公十一年（公元前712年），出于个人野心，公子翚向隐公提出一条建议：为隐公杀掉桓公，而自己出任太宰的职位。隐公答复说："因为弟弟他还年幼，我才代为摄政，现在他已经长大了，我打算把君位交还给他。我已经让人在菟裘（今山东泗水北）建筑房屋，准备养老了。"当即回绝了公子翚。这时，公子翚又害怕桓公即位后知道此事对自己不利，于是又跑到桓公那里，诬陷隐公而请求杀掉隐公，桓公竟然同意了他的请求。

隐公还是公子的时候，曾与郑国人作战被俘，被囚禁在郑国大夫尹氏那里。隐公贿赂尹氏，并在尹氏主祭的钟巫神之前祷告，于是就和尹氏一起回国，而在鲁国立了钟巫的神主。十一月，隐公将要祭祀钟巫，在社圃斋戒，住在大夫寪氏家里。公子翚便乘机派人在那里刺杀了隐公，而立桓公为君。又把弑君罪名推到寪氏头上，派人攻杀寪氏，枉杀了许多寪氏家人。而且，事后桓公也没有按国君的规格为隐公举行葬礼。

桓公与隐公不同，他即位之后，当政十八年，违礼的举动实在不少。当然，这与当时天子衰微，对诸侯失去驾驭能力有关。根据周制，天子祭祀泰山，诸侯陪祭。因此各国在泰山附近都有汤沐邑，郑国的汤沐邑为祊（今山东费县东约三十七里处）。而鲁国又有"许田"，周成王营建王城洛邑时，赐给周公许田（今河南许昌一带），作为鲁公朝见天子时的朝宿之邑。此后鲁国一直拥有许田，而许地的位置近于后封的郑国。春秋时期，周天子无力"巡狩"天下，祭祀泰山的礼制也就废弃了。郑国的"祊田"无用了，便想用它换取鲁国的"许田"。隐公时，或许考虑到有朝王之用，这种交换没有成功。可是桓公刚刚即位，便答应了郑人以"许田"交换"祊田"的请求。

　　按规定，诸侯新即位，在为去世的君主治丧结束后，应当去朝见天子，天子按其原来的爵位赐以衣冠圭璧等礼器，称为"受命"（图24）。东周时期，多改为派人向周王"请命"，周王则派人把册命送去，称为"赐命"。在鲁国，隐公摄位，自然不会向天子"请命"。而桓公在位时一直也没有向王室请命。直到庄公元年（公元前693年），周王才派人册命桓公为合法鲁君。

图24　曲阜出土鲁国玉璧（选自《曲阜鲁国故城》）

　　桓公典型的违礼举动，是他即位的次年将宋国贿赂的郜大鼎置于鲁太庙（周公庙）中。桓公二年（公元前710年），宋国的太宰华督杀了宋殇公和司马孔父嘉，立了宋庄公。为了求得各国的支持，便向各国行贿，送给鲁国的是宋灭郜国时得到的重器——部大鼎。此鼎乃是华督乱国的贿器，桓公却将他放置在鲁国太庙中，这是不合于礼法的，因此大夫臧哀伯极力劝阻，说："作为国君，应该宣扬美德，杜绝邪恶的行为，以此为准则作为百官的示范，这样还怕有所遗漏，所以要宣扬美德，用以教育子孙后代。如今抛弃德行而树立邪恶，把人家贿赂的器物放在太庙里，公然将它显示在各级官员前。各级官员如果跟着学坏样，您又怎么去责备他们呢？一个国家的衰败，是由于官员的行为不正。官员美德的丧失，是由于受宠而贿赂公然进行。把郜鼎放在太庙里，还有比这更明显的受贿吗？武王战胜殷商，把九鼎迁到洛邑，尚且有义士对他非难，更何况把表明因违法叛乱而进行贿赂得来的器物放在太庙里，这怎么能行呢？"但是对臧哀伯这样深入浅出的劝谏，桓公根本不予理会。

（四）文姜干政，庄公图兴

桓公三年（公元前709年）春天，桓公与齐僖公在嬴地（今山东莱芜西北）相会，桓公与齐僖公的女儿文姜订婚。这年秋天，公子翬去齐国迎接文姜至鲁，文姜正式成为鲁桓公夫人。文姜未出嫁时，与她的异母哥哥诸儿有私情，诸儿即后来的齐襄公。桓公十八年（公元前694年）桓公准备携文姜到齐国会见齐襄公，由于这种行为不符合当时的礼制，大夫申繻劝谏说："女子有自己的丈夫，男子有自己的妻子，不能够不互相尊重，这就叫做有礼。违反了这一点，一定会坏事。"但是桓公不听，还是与文姜一起去了泺（今山东济南北）与齐襄公相会，然后又一起去了齐国。齐襄公又乘机与文姜私通，被桓公发觉，对文姜大加斥责。文姜告诉了齐襄公，齐襄公恼羞成怒，于是请桓公宴饮，酒醉之后，让大力士公子彭生送他回去，乘机将桓公的肋骨折断，杀死在车中。事后，鲁国对齐国无可奈何，只得要求除掉彭生，齐襄公便杀彭生了事。

桓公死后，太子同即位，即鲁庄公。庄公是桓公与文姜的长子，生于桓公六年，到桓公被杀时，年龄尚不足十二岁。桓公的灵柩从齐国返回时，文姜没敢随丧回国，后来才被庄公接回。

作为齐女，文姜又是庄公的母亲，于是，在庄公年幼即位的情况下，文姜便屡屡来往于齐鲁之间，参与鲁政，与齐国交涉，甚至参与与他国的外交。《春秋》经传上有文姜八次"如齐"、"如莒"的记载，还有齐国听从文姜的请求，来鲁国归还卫国宝器的记载。由于文姜与齐襄公私通，所以历来人们都认为文姜"如齐"是为了齐襄公。实际上这是一种误解。对此，清人于鬯独具慧眼，发现《左传》上所记"书，奸也"，这里的"奸"，意思应该是"干"，即"干预"的意思，而不是"奸淫"，"干"与"奸"二字是可通的。

"文姜干政"，也是不能一概以"乱国"看待的。虽然在时人看来，文姜的举动违背了礼制，但是她对鲁国的政治并非没有任何助益。齐襄公在位时，齐、鲁无战事，不能说与文姜无关，当中有很多文姜的周旋之功。

庄公即位时年少，文姜参与国政；庄公长大后注重修德，敬重母亲，文姜以国母之尊偶干国政，也是常理之中的事情。更何况文姜为齐女，鲁国的礼法传统对她束缚较少，而齐国女子在家庭中地位较高的社会风俗却在她身上体现得较为明显。

依传统观点，桓公死后，庄公不能为父报仇，反而听命于齐国，"田猎则从，征伐则借"，与齐国密切往来，是他已忘记不共戴天的父仇。因此历来对庄公批评较多。事实上，庄公虽然没有为父亲报仇，但他却是励精图治，等待时机与齐抗衡，庄公的这一治国策略也是因为鲁国国力较齐国为弱。

庄公时期，鲁国的实力已稍逊于齐，但是鲁国并不甘拜下风。庄公八年（公元前686年）鲁国准备联合陈、蔡攻灭西邻郕国，由于陈、蔡军队没到，庄公又邀请齐国攻打郕国，结果郕国单独投降了齐国。鲁公子庆父请求攻打齐军，庄公回答说："不行，我实在缺乏德行，齐军有什么罪？罪是由我而来。《夏书》上说：'皋陶勉力培育德行，有了德行，别人自然降服。'我们姑且致力于修德以等待时机吧！"可见，庄公早已决定致力于修德以发展国力，等待时机重振雄风。不久，由于齐国发生内乱，鲁国的有利时机到来了。

庄公八年冬，齐公孙无知弑杀襄公，自立为君，第二年春天，公孙无知又被齐人所杀，齐国出现了无君的局面。鲁庄公准备借机立正在鲁国避难的齐公子纠，亲自率兵护送公子纠回国，并派管仲截击从莒回国争位的公子小白。管仲在途中射中小白的带钩，小白假装中箭而亡，管仲却误以为真，因而鲁国护送公子纠的行动迟缓，使小白抢先进入国都，夺得君位。公子小白即齐桓公。庄公不肯就此罢休，继续进军。齐桓公出兵抵御，当年八月，鲁齐战于乾时（亦作干时，今名乌河，在山东桓台西南），鲁军战败，庄公丢弃所乘的战车，改乘驿传的轻便车而逃，庄公的御者与车右为掩护庄公，打着庄公的旗子将齐军引到小路，全被齐军俘虏。随后，齐桓公派鲍叔牙率兵到鲁，威胁鲁国要杀掉公子纠，将召忽、管仲送交齐国，不然的话就举兵围鲁。鲁庄公一时难以组织力量再战，只得照办。

庄公十年（公元前684年）春天，齐桓公为发泄对鲁国接纳公子纠的怨恨，又出兵伐鲁。鲁庄公积极组织兵力，准备迎战齐军。庄公为增强国势所做的努力可以通过"曹刿论战"清晰地表现出来。

鲁人曹刿进见庄公，问他将凭借什么与齐军作战。庄公一一陈述自己的为政措施：救恤庶民，对衣食等安身之物不敛不贪，分给众人享用；祭祀虔诚，陈述政绩实事求是；诉讼案件力求明察，如实处理。从庄公的话语中可以看出，为了积聚力量与齐抗衡，他确实是励精图治，做了不少政治上的准备。由于庄公的努力，鲁国取得了长勺之战的胜利（图25）。

当年六月，齐国又联合宋国再次伐鲁，结果鲁国先败宋军，齐军见无利可图，便撤兵回国。

正是由于鲁庄公的励精图治，他在位期间，历经动乱的鲁国政局方稳定下来，而且国力也在不断增长中。在与齐国的争斗中，虽然鲁国常居于被动地位，但双方国势基本相当，互有胜负，齐对鲁也奈何不得。后来由于齐桓公任用管仲改革，使齐国的经济、军事力量迅速发展起来，鲁国才明显落在后面。但是由于鲁国在诸侯国的声望，又是与齐相邻的大国，所以在长勺之战后，齐桓公便积极拉拢鲁国，对鲁国非常友好。鲁庄公也改变了与齐争衡的策略，与齐结盟言和。由于鲁国的归附，齐桓公归还了原来侵占的棠、潜等鲁地。从此，鲁庄公成为追随齐桓公争夺霸权的忠实与国。齐桓公在位

图25　上海博物馆藏战国楚竹书《曹沫之阵》图版

四十三年，这成为齐鲁之间关系最融洽的时期之一。

（五）庆父不去，鲁难未已

鲁国自春秋以来，可以说是多事之国，隐公摄位被弑，桓公入齐修好而被害，更有公子翚骄逆。到庄公的时候，国政总算稳定下来，在三十年之间，国家无事，国势还算强盛。然而，好景不长，庄公末年，又发生了鲁国历史上最大的一次内乱——庆父之难。

庄公二十四年（公元前670年），庄公娶齐女哀姜为夫人。哀姜无子，随嫁来的她的妹妹叔姜生子启方。在这之前，庄公还娶有本国党氏女孟任。据说，当时孟任不愿意，庄公答应立她为夫人，方才同意，并割破手臂与庄公歃血立誓，生有儿子子般。后来不知为何，孟任没有成为正夫人。这样，实际上，庄公没有嫡嗣。就庄公本人来讲，他喜爱孟任，希望立子般为继承人。庄公三十二年（公元前662年），庄公病重，向他的几个兄弟征求意见。庄公先问叔牙。叔牙与庆父是同母兄弟，并且两人是一党，他们与庄公则是同父异母。叔牙就想推荐庆父作继承人，于是回答庄公说："庆父很有才能。"庄公又问同母弟季友，季友回答说："臣尽死力事奉子般。"庄公就把叔牙的意见告诉季友，并表示了自己的忧虑。季友便派人以鲁君的名义命令叔牙等待在铖巫家中，派铖季用毒酒毒死他，并威胁他说："喝了这酒，你的后代在鲁国仍然享有禄位，不喝的话，你死了，后代还没有禄位。"叔牙无奈，只得饮毒酒而死。季友也遵守诺言，立叔牙的儿子继承父位，这就是叔孙氏（图26）。

这年的八月，庄公去世，子般即位为国君。对叔牙的被杀以及子般的即位，庆父心怀怨恨，他与庄公的夫人哀姜有私通关系，本想立哀姜妹妹叔姜的儿子启方，所以子般即位后，他便四处寻找合适的人选刺杀子般。不久终于让他找到了，这人就是圉人荦。原来，庄公还健在的时候，有一次国家举行求雨的祭祀雩祭，在梁氏家演习，庄公的女儿在旁观看，圉人荦从墙外对她进行调戏，子般发怒，派人鞭打了他。当时庄公对儿子的举动有些担心，建议杀掉圉人荦，因为这个人力气很大，能够投掷稷门的城门扇。如果鞭打他而不杀掉他，恐怕他以后会伺机报复。果然，圉人荦对子般恨之入骨，在子般即位还不到两个月时，就受庆父派遣刺杀了子般，季友也被迫出逃陈国。庆父立不足八岁的公子启方为君，这就是鲁闵公。闵公虽为庆父所立，但并不满意庆父的所作所为。闵公元年的秋八月，闵公就请求齐桓公帮助他让季友回国，齐桓公答应了闵公请求，派人召回季

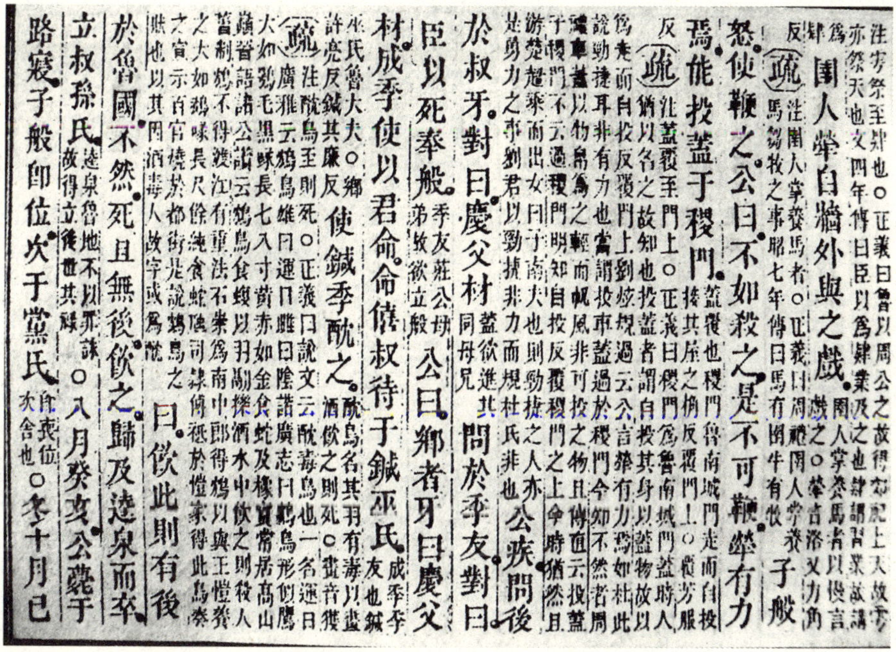

图 26 《左传》书影

友。闵公非常高兴，亲自驻扎在近郊等候季友的到来。冬天，齐桓公派大夫仲孙湫来鲁国慰问祸难。他回国后对齐桓公说："不去庆父，鲁难未已。"就是说不除掉庆父，鲁国的祸难就不会结束。果然此事被仲孙湫言中。庆父因为季友的回国而怒火中烧，这时，哀姜又想使庆父自立为君。起初，闵公的师傅夺取了大夫卜齮的田地，闵公没有阻止，卜齮为此怀恨在心。于是庆父便在第二年（公元前660年）八月指使卜齮在闵公路寝的旁门刺杀了即位还不满两年的闵公。季友则带着闵公的庶兄公子申，再次逃出国外，到邾国避难。

庆父连弑二君，自知罪恶深重，逃亡到莒国。季友乘机回国让公子申即位为君，也就是鲁僖公。随后，季友向莒国行贿求取庆父。莒国人把庆父送回鲁国。到了密（今山东费县北）地时，庆父先派公子鱼入朝请求赦免，没有得到允许。公子鱼哭着回来，庆父听到了，说："这是公子鱼的声音。"就上吊自杀了。庆父派人暗杀闵公，哀姜知道并参与了这件事，所以她逃亡到邾国。齐国人向邾国索取了哀姜，把她杀死在夷地，带着她的尸体回国，鲁僖公请求归还她的尸体，并以国君夫人的礼节把她安葬了。至此，庆父之难方才平息。

庆父之难，几乎使鲁国社稷倾覆。自庄公去世后，庆父淫乱专横，不到两年而连弑二君。这时的鲁国政局实在是衰乱至极，所以，纵观春秋之世，鲁国的贵戚造成的危害没有超过庆父之难的。

那么，为什么鲁国能够度过这一政治难关呢？为什么齐国等强国没有乘鲁国内乱攻取鲁国呢？我们可以从齐桓公君臣之间的对话找到这个问题的答案。

闵公元年，齐桓公从仲孙湫那里得知鲁国因庆父之难而大伤元气时，就问仲孙湫："鲁国可以攻取吗？"仲孙湫回答说："不能够，他们仍然秉持着周礼。周礼，是立国的根本。我听说，一个国家将要灭亡，就像大树，树干要先行倒下，然后树叶才跟着枯萎。鲁国不抛弃周礼，不能动它的脑筋。君王应当从事于安定鲁国的祸难并且亲近它。亲近有礼仪的国家，依靠坚定稳固的国家，离间内部不和的国家，灭亡昏昧动乱的国家，这才是称王称霸的策略。"从此段对话可以看出，正值庆父之难时的鲁国，国家几近被倾覆，可在仲孙湫眼里，还不属于"内部不和的国家"，也不属于"昏昧动乱的国家"，依然是"有礼仪的国家"，建议齐桓公亲近并安定鲁国。这是多么耐人深思的事情！在齐国君臣眼里，动乱中的鲁国依然秉持周礼，像一棵参天大树一样，树干稳固无比，枝叶上的小毛病可以通过自身的努力来解决。所以说"犹秉周礼"使鲁国度过了几亡社稷的庆父之难。

（六）手足相残，三桓分争

鲁国的政体是在家族宗法组织基础之上建立起来的宗法贵族政治体制。统治集团中除了鲁公外，还有许多历代鲁君派生出来的世家大族。与晋、齐等国不同，鲁国的世家大族全是出自公族。鲁君左右的卿大夫就是由这些公族的各家族长担任。鲁公有一定的权力，但并不是绝对的，卿大夫的意见也相当重要。他们都有自己的封邑和家族武装，有参与决定国政甚至决定国君废立的权力。春秋时期，由于周王室的衰微，各诸侯国逐渐摆脱了周天子的禁锢，但同时也失去了周天子的保护。在复杂而激烈的列国纷争中，各国国君为了自立与自强计，不得不加强本国内卿大夫的权势，从而使一些卿大夫的势力日益膨胀，逐渐形成了卿大夫凌驾于诸侯之上的局面。鲁国的三桓专政就是在这种情况下出现的。

三桓即孟孙氏、叔孙氏、季孙氏，因为他们三家的始祖都是鲁桓公的儿子，所以后人合称他们为"三桓"。鲁国实行"尊尊亲亲"的治国原则，它的卿族总是不绝后嗣，鲁卿在位时，无论行为怎样越轨，受到的处罚如何深重，总是不会牵连到他的宗族，他们的后世依然享有高官厚禄。正因如此，三桓能够世世绵延下去。

孟孙氏的始祖就是庆父之难中的庆父，字共仲，桓公的儿子，庄公的异母弟（或以为是庄公的庶兄）。《左传》又称他为"仲庆父"。他的后世子孙多名"仲孙某"，所以称他们为"仲孙氏"，因为他们是三桓之首，后人又多称他们为"孟孙氏"。庆父连弑子般、闵公二君，罪不可恕，在季友的逼迫下，自缢而死。鲁国立他的长子公孙敖为卿，此后，世为鲁司空，封邑为成（今山东宁阳北）。后来又从孟孙氏中分出子服氏、南宫氏等几支。

叔孙氏的始祖是叔牙，桓公的儿子，庆父的同母弟弟。因为想立庆父为庄公的继承人，被季友逼迫饮毒酒自尽。死后，季友遵守诺言，立了他的儿子公孙兹为卿。此后，叔孙氏世为鲁司马，封邑在郈（今山东东平东南）。从叔孙氏中分出叔仲氏，也世为鲁大夫。

季孙氏的始祖便是桓公的少子季友。《左传》上说他是文姜的爱子，是庄公的同母弟弟。据说，季友将要出生的时候，鲁桓公请卜楚丘的父亲占卜。他说："生的是男孩。他的名字叫友，在您之右。他处在两社之间，为公室的辅佐。季氏灭亡，则鲁国不会昌盛。"龟卜之后，又用筮草占，得到的卦也非常吉利。卦辞说："尊贵如同父亲，受到的敬重如同国君。"等到季友生下来，他的手上果然有纹像个"友"字，因此桓公为他取名为友。这当然是季孙氏后人美化其祖先的神话，但由此也反映出季孙氏的强大。季友因为有功于鲁国，僖公三年（公元前651年），僖公赐给他汶阳之田（今泰安西南汶水之北地）及费（今山东费县西北二十里）。他的子孙世为鲁司徒。鲁襄公时，季孙氏又趁国君出外的时候，将卞邑（今山东泗水东五十里）据为己有，此后世代把持鲁政，是三桓中势力最强大的一家。它的分支有公钼氏、公甫氏等。

三　鲁国之盛

（一）姬姓宗邦，鲁为"班长"

西周时期，周天子的地位相当尊隆，根据宗法制、分封制的规定，对诸侯国来说，周天子是普天之下的"共主"、全体姬姓的"大宗"，在代表社稷的同时，还主持宗庙祭祀（图27）。而在众多的诸侯国中，鲁国就是姬姓"宗邦"，诸侯"望国"。

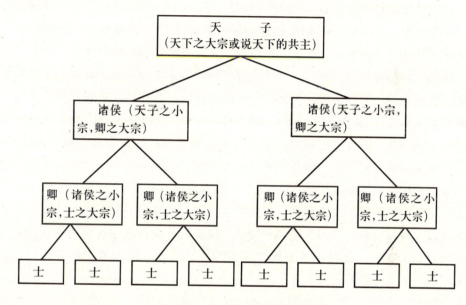

图27　西周宗法制度示意图

鲁国是周公之子伯禽的封国，周公与武王既是同母兄弟，周公又是成王的叔父，因此，鲁国便成了王室的"懿亲"，这就使鲁国与周王室的关系不同于其他诸侯国。清人高士奇便说："过去周公辅佐武王、成王两朝，对王室有大的勋劳，所以伯禽封鲁的时候，赐予鲁国山川土地与附庸小国，鲁国得到的赏赐与其他姬姓国相比，是非常丰盛的。因此鲁国号称望国。周王迎娶王后与出嫁女儿，都是由鲁国主持。所以周王室最亲近的诸侯国就是鲁国，而鲁国也是藩屏周王室最忠心的诸侯国。"

正是由于鲁国与周王室的特殊亲密关系，鲁国从分封伊始，就在诸侯国中占有不同寻常的重要地位，号称望国。"其声名文物所留余"，便足以"系小国之心，动远人之慕"。

周天子统治天下，亲近同姓，但对异姓贵族并不排斥，而是通过婚姻等方式结为亲戚之国，以加强联系。周天子常称同姓诸侯为伯父、叔父，称异姓诸侯为伯舅、叔舅。这种甥舅关系是宗法关系的很好补充。而在同姓诸侯中，鲁国居班次之长。在执行周礼时，鲁国是起表率作用的，鲁国的所作所为在诸侯国中产生重要影响。

据《史记·鲁周公世家》，宣王在鲁懿公被杀后，出兵伐鲁，杀掉自立为君的伯御，然后询问鲁公子中谁人能训导诸侯，作为诸侯的"州伯"，最后选定公子称为鲁君，即鲁孝公。也就是说鲁国国君必须具备训导诸侯的能力，能够担当起"诸侯之长"的重任。正是由于鲁国姬姓"宗邦"的重要地位，鲁国的一举一动都会在诸侯中产生巨大影响，所以周宣王才一定要亲自为鲁择君。

周初分封的诸侯国有同姓、异姓之分，异姓中又分为服从于周的旧国和周代功臣。大致地讲，同姓诸侯国地位高于异姓诸侯国。而在同姓诸侯国中，鲁国又是地位最高的。《国语·鲁语上》记载"鲁之班长"，就是说鲁国在诸侯国中位次居长（图28）。晋文公称霸时，分解曹国土地给诸侯，鲁僖公派臧文仲前去，途中，臧文仲在重馆歇息，重馆人劝告他要赶快前往晋国，说："鲁国既然是诸侯之长，如果去的又最早，诸侯谁还能比得上鲁国，鲁国一定会多分得土地。"臧文仲听从了他的话，日夜兼程，首先赶到晋国。果然鲁国得到的土地比其他诸侯国要多。春秋初年，齐国遭受北戎侵犯时向各国求助，战后答谢诸侯，在馈送粮饩给各国大夫时，请鲁国按班次代为分派。这主要是因为鲁为周公之后，有"望国"的地位，所以当涉及诸侯班次的时候，总是由鲁国主持。晋文公主持"践土之盟"时，在各会盟国进行的歃血仪式次序上，除了主盟的晋国外，鲁国也被列在各国之前，而这些国家中既有姬姓也有异姓。

鲁国既然是周王室最为亲近的诸侯，因而鲁国得以亲预王室内政。如鲁国就曾参与立周平王。西周末年，幽王宠爱褒姒，废掉申后与太子宜臼，改立褒姒为后，褒姒生的儿子伯服为太子。幽王废嫡立庶，引起诸侯的不满，所以鲁孝公与申侯、许文公等在幽王被杀之前，先在申地立了太子宜臼为王，即周平王。后来平王东迁，东周开始，周王室仍然以鲁国为最可靠的邦国，一遇到困难就求助于鲁国。春秋初年，周王室曾到鲁国"求赙"以助平王丧事；遣使向鲁国"告饥"；派人向鲁国"求车"等等，在经济拮据的情况下，首先想到的是向鲁国求援，这显示了两者关系的亲近。而且在王室衰微的春秋时期，鲁国由于周天子失去了驾驭诸侯的能力而逐渐疏远王室，朝聘次数减少，但是，为了表示与鲁国的亲近，周王室却是主动与鲁国交往，来聘、赐命、归赈、赐丧，接连不断。

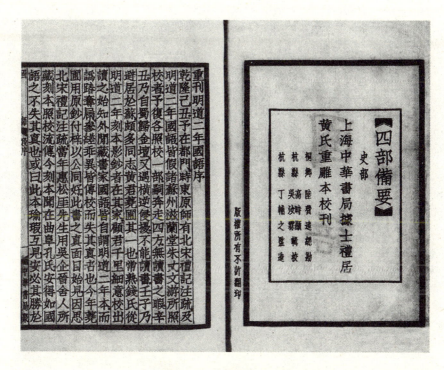

图28　《国语》书影

　　战国时期的鲁国虽然已经国小力弱，卑于诸侯，但是曾经为诸侯之长的意识仍然深深留在他的记忆里，依然操纵着他以自己的方式处理外交事务。唐朝陆德明的《经典释文》上记载着这样一个小故事，楚宣王朝诸侯，鲁恭公来晚了，而且进献的酒薄。楚宣王大怒，想羞辱鲁公。鲁恭公拒不受命，说："我，是周公的后代，是诸侯之长，拥有天子的礼乐，对周王室有莫大的勋劳。我送给你酒已是失礼，又责备我酒薄，真是无礼至极。"遂不辞而别，回国去了。

（二）齑乐东传，是为鲁音

　　在周代的礼乐中，乐是重要的组成部分，因为礼典的施行往往要配合一定的乐舞，而礼乐中乐的部分又离不开《诗经》。孔子当年从事教育活动，也是"以《诗》、《书》、礼、乐教"，礼与诗、乐是不可分离的，孔子所说的诗就是《诗经》。鲁国是"秉礼"的国度，同时也是《诗》的国度（图29）。
　　《诗经》主要是根据音乐分类的，其中，"风"是采自民间的乐歌，即各地

图 29 曲阜孔庙诗礼堂

的土乐，经过整理润色，集中到一起；"雅"，"朝廷之音曰雅"，又有大雅，小雅之分，使用场合有一定的区别。"颂"，是王廷宗庙祭祀祖先、祈祷神明的乐歌。古人有"诵《诗》三百，弦《诗》三百，歌《诗》三百，舞《诗》三百"的说法，证实了《诗》三百篇是全部可以入乐的。

鲁为周公之后，也有周代宫廷之乐。周代宫廷之乐包括虞、夏、商、周四代之乐，这些乐舞的内容带有史诗性，因而演奏起来具有戏剧表演的味道。对四代之乐，鲁国都可以使用，而且鲁人对这些乐舞还进行了整理加工，使它们达到尽善尽美（图30、31）。

《诗经》十五国风中没有"鲁风"，而鲁却是周代的一个重要封国，而且它又有十分显著的文化特色，因此后人便有了各种猜测。事实上，《国风》中的《豳风》就是"鲁风"。豳地在《禹贡》里记载是在雍州岐山的北面，《豳风》就是姬周族居于泾渭流域的豳地时的诗篇。风，是音乐的调子，豳风就是豳地的调子，到春秋时期，这个调子被鲁国沿用，仍然称为豳风。《左传》襄公二十九

图 30　古代编钟

图 31　古琴

年记载，吴公子季札到鲁国时请求观赏周朝的音乐舞蹈，鲁国的乐工为他歌《豳风》，季札评价说："真美妙啊！如此广大！欢乐而有节制，大概是周公东征时的歌吧？"可见春秋时期的人仍然以为《豳风》与周公有密切关系，为周公居东时所作，而周公居东并不是避居东都或商奄旧地，而是东征。可见周公、伯禽把周乐带到了东方，《豳风》东传，成为鲁诗。《豳风》共七首，其中的《七月》篇，《毛诗序》认为是周公遭受变故，陈述周代的先祖是怎样风化百姓的，又是如何艰难创业的。《鸱鸮》是成王因管、蔡流言怀疑周公时，周公以此诗赠给成王，以明心志。《东山》、《破斧》都是周公东征时的诗篇。《九罭》是东人挽留周公的诗歌。《伐柯》、《狼跋》都是赞美周公的诗歌。

《尚书》中的《金滕》出于鲁国，而《金滕》中有周公居东时作诗《鸱鸮》的记载，成王因为管、蔡流言而怀疑周公，周公写了一首诗，叫做《鸱鸮》，赠给成王，以明心志。所以《鸱鸮》一诗流行的地方应该与《金滕》产生的地方一致。而且周公的名字在《诗经》三百篇中仅仅出现在《豳风》中，吴公子季札评论其为"周公东征时的乐歌"已经表明《豳风》与周公的密切关系。《东山》篇以"我徂东山，慆慆不归。我来自东，零雨其濛"为每章的首句，记载一名士卒，从军东征，久战胜利，即将返回故乡，描述了旅途情景以及荒芜的田园和萧条的房舍。语言皆发自征人的肺腑，感人至深。《破斧》以"既破我斧，又缺我斨（锜｜銶）"作为"兴"，以引起下面的"周公东征，四国是皇（吪｜遒）"，明显是鲁人赞美周公当年东征的功勋的。鲁人以周公为始祖，是邦家的骄傲与荣耀，所以鲁人作诗赞美周公的功劳。《九罭》中有"我觏之子，衮衣绣裳"，"鸿飞遵陆，公归不复，于女信宿"，"是以有衮衣兮，无以我公归兮，无使我心悲兮"诗句。这是周公东征之后，返回洛邑，鲁人挽留周公的诗篇。

《吕氏春秋·季夏纪·音初》在论述东西南北各音调的创始时，就是以《破斧》为东音代表，《侯人》为南音代表，《燕燕》为北音代表，秦音为西音代表。现在的《诗经》中，《破斧》即在《豳风》中，《侯人》在曹风，《燕燕》属于《邶风》。曹在成周东南，与《二南》接近；邶即商纣王旧都朝歌之北的地方，《邶风》多出于成周东北的河北易县之地。而秦与豳同在成周西部的雍州，却是一个是东音，一个是西音，其原因就是《吕氏春秋》写作所据的时代，西方的豳乐已经为秦音所掩盖，所以就用《秦风》作西音，而西方的豳乐又早已经被周公、伯禽带到了东方，传到鲁地的豳乐又因年代的推移，不免与东土的旧乐相混，时间一长也就成为鲁地固有的音乐，因而被称为东音。

此外，《周礼·春官·籥章》记载：豳诗、豳雅、豳颂演奏起来都是敲击土鼓和吹奏豳籥。《礼记·明堂位》记载鲁国太庙祭祀时用土鼓、蕢桴、苇籥等乐器，而这正是豳乐的特征。这说明周人迁出豳地后仍保存了故乡的乐曲，用祖传的乐器演奏，于是相继沿用"豳风"的名称。鲁国直接承用了周王廷的音乐，而且周公与伯禽也把相应的旧乐带到了鲁国，所以鲁人用豳乐谱写新词。豳乐东传，成为名副其实的鲁音，而且由于鲁国是宗周在东方的代理人，所以豳乐理所应当地成为东音的代表。

（三）僖公中兴，《鲁颂》产生

僖公名申，是庄公的儿子，闵公的庶兄，母亲为庄公妾成风。公元前660年，他在季友的辅助下即位，彻底平息了几亡鲁国社稷的庆父之难。他在位三十三年，兴礼乐，广教化，政成民和，使鲁国的政治、军事力量有了很大恢复，出现了鲁国历史上难得的小康时期。《诗经·鲁颂》中的篇章就都是专门为颂扬僖公而作。所以，后人有的认为，僖公不仅是春秋时期鲁国十二公之首，就算把他放到春秋众多的诸侯国中去看，像他那样因为德行出众而有《颂》高度赞扬的，也是绝无仅有的，进而，高度评价僖公不愧为鲁国的"中兴之主"。

僖公之所以能够取得如此大的美名，是和他建立的功业分不开的，而他建立的功业又和他用人得当分不开。

僖公即位后，任用平定内乱，拥立自己为君的季友和具有较高政治才能的臧文仲为执政之卿，并且注意"宜大夫庶士"，与各级贵族的关系比较融洽，所以国中涌现出许多贤臣硕士。

在庄公、僖公之际，同"不去庆父，鲁难未已"恰成反照的是"季友不入，鲁国不定"，季友既平息了庆父之难又辅助僖公即位，对鲁国有定国安邦之功。不仅如此，僖公元年（公元前659年），莒国乘鲁国内乱初定、政局未稳之机，出兵鲁国，向鲁国索要财物，季友果断地率兵迎击，在郦（鲁东地）打败莒军，并俘获了莒君的弟弟挐。《春秋》加以记载，以表彰季友俘获敌人的功劳。僖公因为其功劳卓著，将汶阳之田与费赐给了他。而且，一直到僖公十六年去世，季友都在尽心于鲁政，《春秋》上屡次有他"如齐"的记载就是明证。

臧文仲是鲁僖公时的另一位执政之卿，他在僖公时期，尤其是僖公后期，成了鲁国政权中的重要决策人物。他处事稳重老练，有丰富的治国经验，对僖公时期的政治起了很好的作用。臧文仲主张德治，强调恤民，致力于发展经济，重视结交邻国，对僖公影响很大。僖公对臧文仲的意见和劝谏，也多能接受和听从。

为了保持鲁国的稳定和发展，鲁僖公在贤臣的辅佐下，采取了灵活的外交策略，在各强国之间周旋。首先是结强齐之援，这样即可以稳定齐国，使其不兴师伐鲁，而且，与齐国结盟，能够提高鲁国的地位，减少鲁国的外患。此外，在鲁有饥荒的时候，齐国多能卖粮给鲁，解决了鲁国的燃眉之困，稳定政局。当然对齐国，鲁僖公也是若即若离，政策非常灵活。其次，结交强晋，在晋文公霸业如日中天的时候，结好晋国。对晋国的召唤非常勤勉。此外，僖公对班次相同的诸侯急困多能援手，与他们互相救恤忧患，极大提高了鲁国在国际上的威信。如僖公二十八年，为卫成公向晋国求情，既讨得晋人欢心，又解决了卫公之难。所以说虽然鲁国此时处在齐、晋、楚等国之间，但在应付和交往这些大国时，鲁国还是比较成功的。

僖公还养了众多的战马，以维护车战的庞大需要。此时的鲁国拥有千辆兵车与三万徒兵的武装力量，在当时的诸侯国中还是比较强盛的。凭借这支武装力量，鲁国参与了多次战争，取得了一定的胜利。吞并了项国（今河南项城），淮夷、徐戎以及东方的一些小国也服从了鲁国，边疆的威胁被解除。鲁国控制的地区也越来越大。北境到达泰山、莱芜一带，西境则到了许田所在的今河南南部。

此外，庄公末年，鲁国多发生饥荒，而僖公时期，采取了许多措施防备自然灾害，在灾害发生的情况下又积极救灾，使得即使偶尔有灾，也不为害。克服了自然灾害以后，使得农业"岁其有"，即年年丰收。鲁人无饥馑之虞，则人人笑逐颜开，生活安定起来。这样，鲁国出现了一派政治晏然的气象，国君有德，大臣敬业，遂出现了国泰民安的可喜景象。

正是由于僖公的功劳，鲁人甚是敬重僖公。僖公在位三十三年，在他死后不久，鲁国在太庙里举行禘祭，当时担任宗伯的夏父弗忌便力尊僖公，将僖公的享祀位次升于闵公之上。尽管当时宗有司等人认为这不符合长幼亲疏的昭穆制度，反对这样做，但是夏父弗忌坚持那么做，他认为虽然闵公即位在僖公之前，但是僖公为兄，闵公为弟，应该先大后小，而且他认为更重要的是僖公有明德，为"圣贤"。鲁人以为僖公是有道明君，所以甚至僖公还健在的时候鲁人就谱写了许多诗篇颂美僖公。现存的《鲁颂》共四篇，全是颂扬僖公的，可以说鲁人对僖公"铺张扬厉，赞不容口"。

《鲁颂》包括《駉》、《有駜》、《泮水》、《閟宫》。《駉》为僖公之子文公时候的史克（即大史克）所作，以热情奔放的语调歌颂僖公养了许多好马，注意国防力量的建设（图32）。如："駉駉牡马，在坰之野。薄言駉者，有骃有皇，有骊有黄；以车彭彭。思无疆，思马斯臧。"《有駜》歌颂僖公君臣有道，勤勉公事，如："有駜有駜，駜彼乘黄。夙夜在公，在公明明。""自今以始，岁其有。君子有穀，诒孙子。于胥乐兮！"《泮水》歌颂僖公修复泮宫。其中对僖公的描述非常传神，如："鲁侯戾止，其马蹻蹻。其马蹻蹻，其音昭昭。载色载笑，匪怒伊教。""穆穆鲁侯，敬明其德。敬慎威仪，维民之则。"《閟宫》是对僖公的祝词，歌颂僖公时期，疆域扩大，政成人和，国富民强。这是《诗经》中最长的一篇，共491字，全篇极力铺陈僖公的德行，对他致以最真诚的祝愿："鲁侯燕喜，令妻寿母，宜大夫庶士。邦国是有，既多受祉，黄发儿齿。"对鲁国则热情洋溢地祈祷："俾尔昌而炽，俾尔寿而富！""俾尔昌而大，俾尔耆而艾！万有千岁，眉寿无有害。"此颂是僖公在位，母亲成风、妻子声姜皆健在的时候，大夫奚斯（即公子鱼，鲁国贤臣）所做。

图32　鲁城西周墓发现的殉马坑
（选自《曲阜鲁国故城》）

　　从公元前11世纪伯禽始封到僖公时期，鲁国大致经历了发展、强盛，春秋前期曾经一度衰落，到僖公时期其政治、军事力量又有所恢复的过程。僖公即位前，鲁国遭受庆父之乱，祸难相寻，齐国甚至欲乘机取鲁，国势岌岌可危。而僖公即位以后，接援强齐，内修政治，鲁国不仅易乱为治，转危而安，而且国势逐渐恢复和强盛起来，后世史家称他为鲁国的"中兴之主"，这是有一定道理的。在古代，"诗言志"，即"诗所以言人之志意也"。如果"言悦豫之志，则和乐兴而颂声作"。《鲁颂》的产生，正是如此。

（四）驷驷牡马，公车千乘

　　春秋时期，战争以车战为主，战马的需求量很大，养马的数量在一定程度上就是国力的反映。卫文公深谋远虑，为了复兴被戎狄蹂躏几至灭亡的卫国，他养了许多好马，卫人便在《鄘风·定之方中》里称赞他"秉心塞渊，骒牝三千"。而鲁僖公更是大量养马，注意国家长远利益，鲁人在《鲁颂》诸篇热情洋溢地歌颂他。在鲁僖公大力倡导下，鲁国拥有了一支强大的武装力量，可谓"驷驷牡马"、"公车千乘"。

　　《鲁颂·驷》以"驷驷牡马，在坰之野"起兴，描述了鲁国有众多的黑白马

（骊）、黄白马（皇）、苍白马（雒）、赤黄马（骍）、青黑马（骐）、黑白马（骆）、赤黑马（骊）、赤白马（騢）等等强壮的好马（图33）。

《鲁颂·闳宫》也具体陈述了鲁国的军事实力，"公车千乘，朱英绿縢，二矛重弓。公徒三万，贝胄朱绶，烝徒增增"（图34）。

这样，鲁国最强盛的时候，便拥有千辆的兵车与三万徒兵的武装力量，这支武装力量在当时的诸侯国中是非常壮观的（图35）。因为鲁国有一定的实力，而且又是齐的近邻，所以齐桓公与鲁僖公结盟，竭力拉拢鲁国。而对鲁国来说，这时的齐国，齐桓公霸业正盛，要求得自身的稳固与发展，也不能与齐国对立，于是鲁齐关系日益和睦。鲁国不断参加齐国的对外战争与会盟，在齐桓公称霸的过程中，鲁国成了他最可靠的同盟军。僖公前期的对外关系，也大都建立在与齐国结盟的基础之上。

鲁僖公前期，对周王室与诸侯国威胁较大的，北有戎狄，南有荆楚。居住在今河北一带的狄族先后向邢、卫两国发动进攻。身为中原霸主的齐桓公带领诸侯出师相救助，又迁邢国、卫国，制止了狄族的内侵。西北方的戎族也不断向内骚扰，齐桓公带领诸侯戍守成周。在南方，楚国的力量已经强大，为了遏制楚国向北发展，齐桓公于僖公三年灭掉了楚国的盟国舒国，并于僖公四年（公元前656年）的春天，率领中原诸侯的军队侵蔡伐楚，最后，楚国承认了齐桓公的中原霸主地位。当时齐鲁结盟，在对戎、狄、舒、蔡、荆的征伐中，鲁国始终是站在齐

图33　曲阜出土鲁国车马器（选自《曲阜鲁国故城》）

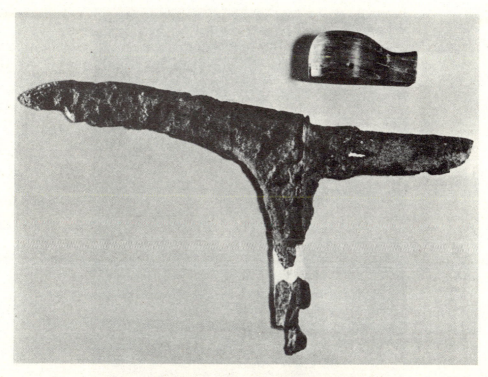

图34　鲁城出土兵器（选自《曲阜鲁国故城》）

国一边的，而且僖公亲自率军相从。所以，《閟宫》说"戎狄是膺，荆舒是惩，则莫我敢承"，意思是说戎狄来了就抵抗，楚国舒国来了就戒惩，没有谁敢来相敌。僖公后期，晋文公称霸，鲁国又积极参与晋文公组织的各种会盟与军事活动，晋曾经灭掉曹国，并分割曹地给顺从的诸侯，因为鲁国外交措施得当，僖公三十一年，鲁国分得了济水以西洮地以南的田地。

不仅如此，僖公还利用自己的"公车千乘"不断侵吞周围的小国。僖公十七年（公元前643年），鲁吞并了项国。《泮水》还屡次出现"屈此群丑"、"淮夷攸服"、"淮夷卒获"，"桓桓于征，狄彼东南"，"既克淮夷，孔淑不逆"，也就是说僖公率领着威武的军队从东到南，扫荡淮夷各部，取得了辉煌的胜利。淮夷、徐戎以及东方的一些小国也屈服于鲁国。

这样，鲁国不断地随齐、随晋征伐与侵吞周围的小国，所控制的地区也越来越大。对此，《閟宫》叙述道："泰山岩岩，鲁邦所詹。奄有龟蒙，遂荒大东，至于海邦，淮夷来同。莫不率从，鲁侯之功。"尔后接着说："保有凫绎，遂荒徐

图35　春秋时鲁国武士像

宅，至于海邦，淮夷蛮貊，及彼南夷，莫不率从。莫敢不诺，鲁侯是若。"这说明鲁国在僖公的时候疆域已经北边到达泰山，东边控制了蒙山山系的龟山（在今山东泗水东北）、蒙山（在今山东蒙阴）二山，而且极东地区的沿海小国和少数民族部落"淮夷"、"徐"、"蛮貊"也屈服于鲁国，与鲁国结盟友好（图36）。鲁国南境保有凫山（在今山东邹县西南）、绎山（即峄山，在今山东邹城东南），而且《阅宫》说："天赐公纯嘏，眉寿保鲁。居常与许，复周公之宇。"意思是说上天赐给僖公大福、长寿，保全了鲁国的士子。居住在常邑和许邑，恢复了周公的旧址。原来，鲁国有一块名叫许田的地方（今河南许昌南），桓公时已经被郑国用祊田交换去，僖公因为跟随齐国屡次援郑拒楚，而乘机索要回来。这样鲁

图 36　蒙山孔子小鲁处

国的西境则到了许田所在的今河南东部。

　　由于鲁国国力的强盛，一些小国也相继来朝见鲁僖公。僖公五年，杞伯姬使她的儿子来朝；七年，小邾国君来朝；十四年，鄫季姬使鄫子来朝；二十年，郜子来朝；二十七年，杞桓公来朝；二十九年，介国国君葛卢两次来朝。而且淮夷被征服之后，也不断地前来进献贡品，与鲁友好。《泮水》记载"憬彼淮夷，来献其琛。元龟象齿，大赂南金"。鲁人自豪地宣称，淮夷觉悟之后，前来赠送他的珍宝，厚厚地献上他的大龟和象牙。这些诗句，虽然有很多自我夸耀之词，但不是无中生有，而是以当时的政治军事为写作素材，是有历史根据的。

四

礼乐之学

（一）周公礼乐，尽在鲁国

在中国古老的文化传统中，礼乐文化是其中的荦荦大者。一般说来，中国在跨入文明的门槛时，礼乐文化便已趋发轫和形成；然而，从人文理念的角度来考察，具有规范人的行为和调整人际关系功能的礼乐应该始于周初。或者说，礼乐成为人们在社会生活中的行为规章，是从周公制礼作乐开始的。

西周初年，周公有勋劳于天下，他虽无天子之位，却有天子之德，成王犹"示天下不敢臣也"。在稳定周朝统治之后，周公便着手巩固这来之不易的成果。首先，他在总结前代基础上承袭损益，制订并颁行了周朝的不少相关政策、制度和法令，以便使国家迅速走向发展的轨道。据研究，《逸周书》中的一些篇章便是当时的遗留，如《周月》、《时训》、《月令》、《谥法》、《明堂》（图37）。除了颁行政令，《尚书大传》、《礼记·明堂位》还记载说周公于摄政的第六年进行了"制礼作乐"的工作。当然，《礼记》中所谓"礼仪三百，威仪三千"、"经礼三百，曲礼三千"的繁缛礼仪决不会都出自周公之手。周代礼仪系统的制定和完善需要经过漫长的过程。但是，无论如何，周公制礼作乐是言之凿凿的事情（图38）。

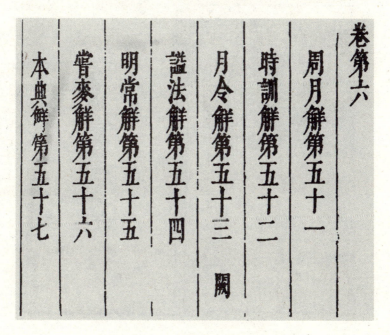

图37 《逸周书》书影

图 38　曲阜周公庙制礼作乐坊

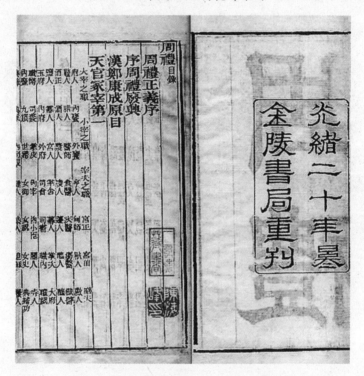

图 39　《周礼》书影

根据《逸周书》、《尚书》等一些篇章的记载，周公曾制定了周朝的刑书《九刑》。而且周公综合会通前世各代的政令典册，制定了《周礼》，该书全面系统地论述了周朝的国家体制和官吏职掌。宋代大儒朱熹认为"《周礼》是周公遗典也"，并说"《周礼》一书好看，广大精密，周家法度在里"。清代学者孙诒让是《周礼》研究的集大成者，他也认为《周礼》一书出自周公，是周公"斟酌损益，因袭积累"前代的礼法制度而成的周代的"经世大法"、"西周政典"（图39）。

乐是礼的重要方面。周公作乐，作了哪些乐，已经难知其详，但是周公作了歌颂武王的《大武》是可以肯定的。《吕氏春秋·古乐》说，武王即位后，伐殷，在牧野之战后，在太庙进献俘虏，命令周公作了《大武》。而《诗·周颂·武》孔颖达疏则说是周公在摄政的第六年，为祭颂武王而做了《大武》的乐。

周公制礼作乐具有十分重要的意义，它标志着周王朝的统治彻底走向了正轨，对西周社会的稳定和繁荣起到了重要作用。

鲁国是周公长子伯禽的封国，又是姬姓"宗邦"、诸侯"望国"，自然对周礼有一种特殊的亲切感。在众多的诸侯国中，鲁国受周公制礼作乐的影响最为显著。鲁国作为周王室的"宗国"，其所行的"礼"就是"周礼"。因此，周初开始完善起来的宗法礼乐制度，影响所及，铸就了鲁国根深蒂固的礼乐传统，使鲁国成为周代礼乐保存最为完整的国家，史称"周礼尽在鲁"。

"周礼尽在鲁"，鲁国推行的就是典型的周礼，所以许多学者就以"鲁礼"来直接称呼"周代之礼"。鲁礼对于周礼的直接承继关系，是由鲁国的特殊封国性质决定的。一方面，鲁国建国之地曲阜是殷商势力较为顽固的地区，伯禽率领的一支周人作为胜利者被分封到鲁地时，企图把鲁国建成宗周模式的东方据点。另一方面，周王室为了褒奖周公的美德，特许鲁国享有天子的礼乐。"鲁有王礼"是当时众所周知的事情。鲁国既然有行使天子礼乐的特权，则鲁人自然不能忘记祖述先王的教训，追忆周公制定的礼乐。实际上，鲁国正是周公推行周代礼乐的中心。周公"制礼作乐"，伯禽则亲自聆听父亲的教诲。《礼记·文王世子》记载伯禽曾经接受世子的教育，这也许是后人的推测，然而，他接受周礼是作为家礼来进行的倒不一定是妄说。所以，鲁人对周礼别有一种亲切感，"先君周公制周礼"成了他们的口头禅。

这样，由于周公之德之勋的巨大感召，周王室的优厚赏赐，再加上鲁人坚信"先君周公制周礼"，周礼遂成为鲁国立国之本，贵族要求自己"事君尽礼"，平民要求自己"立于礼，成于乐"。久而久之，鲁国举国上下形成了热爱礼乐，重视礼乐文化的传统，鲁国成为典型的周代礼乐的保存者。一直到春秋晚期，鲁国对周礼的保存仍令其他诸侯国的人由衷地感慨，并且在王室衰微，礼崩乐坏之际，对维护周礼发挥了重要作用。鲁襄公二十九年（公元前544年），吴国公子季札遍游鲁、齐、郑、卫、晋等国，只有在鲁国观赏了当时唯一保存比较完备的周代乐曲。当他依次观赏了二十几种乐舞后，大发感慨地说："观止矣！若有他乐，吾不敢请已。"鲁昭公二年（公元前540年），晋国的韩宣子到鲁国聘问时，他在太史氏那里参观藏书，见到了《易象》与《鲁春秋》，说"周礼尽在鲁矣，吾乃今知周公之德与周之所以王也。"因此，春秋时期甚至有"诸侯宋、鲁，于是观礼"的说法。宋国是殷商后裔的封国，其保存的自然是殷礼；鲁国保存的当然是周礼，鲁国成为各国诸侯学习周礼的最好去处。对此，《礼记·明堂位》总结说："凡四代之服、器、官，鲁兼用之。是故鲁，王礼也，天下传之久矣，君臣未尝相弑也，礼乐、刑法、政俗未尝相变也。天下以为有道之国，是故天下资礼乐焉。"

可以说，西周时期，鲁国就是东方地区的礼乐文化的中心，而在春秋时期鲁国就成为全国礼乐文化的中心。当代历史学家杨向奎先生认为：齐鲁文明"实为宗周文化之嫡传，而鲁为姬，齐为姜，后来结果，齐一变至于鲁，鲁一变乃至于道；周礼在鲁，遂为中心之中心"。还说："周公及其同僚，建立了礼乐制度，鲁国继之成为正统。"这里说的"中心之中心"当是指春秋时期；"正统"当是指周代礼乐文化的正统。所以，鲁礼就是典型的周礼，鲁国的礼乐文化就是正统的传统文化。

（二）春秋匪解，鲁人举祭

鲁人重礼，有深厚的礼乐传统。在各种礼仪中，祭祀是最为重要的部分，古人有"礼有五经，莫重于祭"的说法，所以鲁人对祭祀是相当重视的，说："祀，国之大事也。"在鲁人的心目中，祭祀是国家政治活动中的头等大事，它与关乎国家安危的战争一样受到重视，即"国之大事，在祀与戎"。鲁人还把祭祀上升到"国典"的地位，说："夫祀，国之大节也；而节，政之所成也。故慎制祀以为国典。"也就是说，祭祀是国家的要制，而这一要制是用以成就政事的，所以必须慎重地制定祭祀以作为国典。

鲁国在受封的时候，便格外重视祭祀。周初青铜器有《禽鼎》、《大祝禽方鼎》、《禽簋》，据研究，极有可能是周公的儿子伯禽的器物。如果是这样，则伯禽在受封以前，就已经精通祭祀礼仪，因为大（即"太"）祝在西周是祭祀的祝官之长，而且，《禽鼎》上还有"禽"主持祭祀仪式的记载。如果伯禽真的担任过周王室大祝的话，那么，鲁国的祭祀更是领会到了周代祭祀的真谛，它的祭祀更值得我们重视。不仅如此，周王室对鲁国的祭祀也是格外地重视，在分封伯禽的时候，赐给鲁国"祝、宗、卜、史，备物、典策，官司、彝器"，其中很多与祭祀有关。祝，即大祝，掌祭祀告神赞辞的人，是祝官之长；宗即宗人，是掌管祭祀之礼的人；卜即大卜，是卜筮之长。这三者都是直接主持祭祀的神职人员。史是记史事并掌管典籍、星历的人，也是间接与祭祀有关的人员。官司就是百官，其中不乏精通祭祀礼仪的官员。备物就是服物，不仅指生与死所佩的饰物，也指所用的礼仪；彝器，是指宗庙祭祀的器物。典策，是指记载周代礼乐的典籍简册。这样，备物与彝器就包括了宗庙祭祀所用的很多器服。这些原为周王室服务的官员与仪器典籍注定了周王室与鲁国祭祀的一致性。而且，从中我们也可以看出鲁国祭祀的特殊性。又如，周王室百官中有"宗伯"一职，本来是周王室中掌礼仪的官，从现有资料看，诸侯国中只有鲁国有"宗伯"，而别的国家都是称作"宗人"，这也充分显示了鲁国祭祀礼仪的特殊性。

周礼在鲁，周王室又如此重视鲁国的祭祀，鲁国自然也就成了祭祀的国度。从一个个奢华的祭祀场面中，从他们频繁地祭奠祈祷中，鲁人的社会风貌得到了淋漓尽致的体现。《诗经·鲁颂·閟宫》篇以饱满的热情写出了鲁人对祭祀的虔诚："周公之孙，庄公之子，龙旂承祀，六辔耳耳。春秋匪解，享祀不忒。皇皇后帝，皇祖后稷，享以骍牺，是飨是宜。降福既多，周公皇祖，亦其福女！"而且《閟宫》篇还描述了鲁人祭祀壮观热闹的场面："秋而载尝，夏而楅衡，白牡骍刚。牺尊将将，毛炰胾羹，笾豆大房。万舞洋洋，孝孙有庆。"我们可以看出，在祭祀中有大量的牛被宰杀。鲁人祭祀周族的始祖后稷用的是"骍牺"，就是纯毛赤色牛；祭祀周公用的是"白牡"，也就是白色的牛。祭祀的时候，牛角杯相撞的声音锵锵，带着毛烧熟的大块肉和用块肉熬炖的汤散发着香气，人们手中举着大杯，跳着规模宏大的洋洋万舞。

以上所描绘的就是鲁人对祖先的祭祀。鲁人对祖先的祭祀是非常最重要的，这种祭祀一般都在宗庙中进行。在所有的祭祖礼仪中，禘祭最为重要。从史料记载看，鲁国的禘祭有四种形式：第一种，鲁国有文王庙，可以祭祀周文王，这是别的诸侯国所没有的特权。传统上说鲁公在文王庙祭祀文王而以周公相配，这是鲁国的"大禘"。第二种，鲁国的太庙是周公庙，鲁公在每年的季夏六月用天子的礼仪祭祀周公，这是单独对周公的祭祀。第三种，吉禘。国君死后，新君为他守三年丧（实际为二十五月）后，变丧事为吉事的宗庙祭祀。可以在新死者的宗庙或者在太庙举行。超过或者不满二十五月举行吉禘，或者不按神位顺序祭祀都会受到讥讽。闵公二年，鲁"吉禘于庄公"，因为此时庄公死后不足二十五月，受到《春秋》的讥讽，"讥其速也"；文公二年，鲁"大事于太庙，跻僖公"，僖公是继闵公之后即位为君的，所以祭祀时应该排在闵公之后，由于文公是僖公的儿子，所以纵容宗伯升僖公的神位在闵公神位的前面，《春秋》讥讽此事为"逆祀"。第四种，四时之禘。在周代，人们称春夏秋冬四时祭祀中的夏祭为时禘。

除了禘祭外，宗庙里的祭祀还有很多，以至于有"日祭、月享、时类、岁祀"的说法。根据周礼规定，在贵族中，地位不同，所立庙数也不一样。一般的说，天子立七庙，诸侯立五庙，大夫立三庙，士立一庙。鲁国除了礼法规定的周公庙，伯禽庙及各位鲁公庙外，鲁城内还有周文王庙，以及周人始祖后稷的母亲姜嫄的庙，称为閟宫。鲁国都城中有庙，各大都邑（如"三桓"所居的费、成、郈）也都立有"宗庙先君之主"。

鲁国不仅可以祭祀周文王、姜嫄，还可以祭祀昊天与后稷，这也是别的诸侯国所望尘莫及的特权。祭祀昊天以后稷配享，这在周代是最为隆重的祭天礼。祭天源于自然崇拜，表明政权得自于"天"，具有天然的合理性，本来只有周天子才能祭天，可是因为周公的原因，鲁国被特许享有祭天之礼。鲁国的祭天礼主要是郊祭。《礼记·明堂位》记载说，孟春时节，鲁公乘坐祭天专用的"大路"（天子之车），车上插着附有十二条飘带的大旗（天子之旗），前往鲁城南郊祭祀昊天上帝而以周人始祖后稷配享。《左传》襄公七年又记载说，鲁公在启蛰之月前往南郊祭天以祈求农业丰收。启蛰为节气名，今天称为惊蛰，鲁公在此月行祭天大礼后，农夫就可以耕种了。专家们推测，鲁公祭天的南郊应该在今天曲阜城南雩坛西南一里多的地方、大沂水的南岸，与雩坛隔水相望。

天子祭天的礼仪有九种，鲁国得以享用其中的两种。除郊祭外，还可以使用祭天求雨的大雩祭。"大雩帝用盛乐"，而"诸侯不得祭天地，故不得有大雩帝。除鲁外，诸侯惟得祀其境内山川而已"，因而这也是鲁国特权之一。雩指的是呼嗟求雨的声音，举行雩祭求雨的时候，需要女巫数人边呼号边起舞，所以称祭天祈雨的坛为雩坛，或者舞雩坛。此坛遗址至今尚有残存，在今天曲阜城南的南泉村西南约五百米（图40）。

"后土"是与作为天神的"皇天"相对而言的，"后土"是大地神，作为社神，还是各地方的神祇，在各国都受到祭祀。《国语·鲁语上》说："共工氏之

图40　舞雩坛遗址

伯九有也，其子曰后土，能平九土，故祀以为社。"也有的说社神就是"后土"。在鲁国，周族人有"周社"，殷遗民有"亳社"。除此之外，史籍记载中还有"从社"，或许是民间祭祀土地神的地方。由于社稷代表着国君，象征着国家，因此诸侯国不仅祭祀社稷，而且社也成为重要军国大事的活动场所。《左传》中多次记载，每当国家遇到日食，发生自然灾害，战争胜利，制定盟约等等鲁国都要祭社。

根据礼制，山川之祭称为"望祭"，诸侯仅仅望祭封国内的山川。鲁国望祭山川一般在郊祭时进行。望祭有四望、三望的区别，鲁国仅有三望之祭。一说鲁国三望是指岱（泰山）、海、河。一说指岱（泰山）、海、淮。由于泰山在鲁国境内而鲁人也对泰山心怀景仰之情，史书上记载鲁人对于泰山的祭祀较多。《论语·八佾》记载说当时鲁国的执政卿"季氏旅于泰山"，僭用国君的权力，引起孔子的无比愤怒。

除了上述一些重要的祭祀，春秋战国时期的鲁国还流行一些杂祀，这便是被称为"五祀"的祭户、灶、中霤、门、行五种小祀。一般的，祭五祀应该在庙中，鲁国没有祭于宗庙的户、门的记载，却曾祭祀国门。庄公二十五年秋天，鲁国发生大的水灾，用牲祭祀城门神，根据古礼大水为天灾，祭祀天灾只能用币，而不能用牲，用牲是非礼的行为，所以《春秋》对此进行批评。灶为灶神，俗称火神爷。祭祀灶神要把饭食盛在盆里，酒放在瓶里。《礼记·礼器》记载鲁大夫臧文仲用燔烧柴火的方式祭祀灶神，受到孔子的批评。中霤即小土神。天子诸侯为土神设立社坛，卿大夫以下不能立社，就以中霤为土神所依，简单地说，中霤神就是宅神。行为祭路神，或者为路神的名字。行神的神位在宗庙门外的西边。人们出门的时候先祭祀行神祈求一路平安。鲁公每次聘问外国的时候，总要先祭路神。

祭祀行为的主体是人，时代的思想观念在祭祀理念中会有所反映。鲁人受礼乐传统的指导与熏陶，他们的祭祀观念也就发生了深刻的变化。在鲁人身上，祭祀的神秘性、宗教性已经相对淡薄。他们认为神灵受飨的标准是主祭者有"德"，即所谓"鬼神飨德"，所以要求受祭者必须"敬德"；因而鲁人的祭祀原则是"有功则祀"和"有恩必报"，已经非常理性化。《国语·鲁语上》记载了鲁国的贤者柳下惠论述周代的祭祀原则："夫圣王之制祀也，法施于民则祀之，以死勤事则祀之，以劳定国则祀之，能御大灾则祀之，能扞大患则祀之。非是族也，不在祀典。"可见，周人对所祭祀的对象做了精心的筛选，其所选对象的共同点就是"有功烈于民"。鲁人就是正统的周人，他们强调天地为生之本，先祖为类之本，所以至纯至真的报恩、报本的思想弥漫于鲁人的意识领域。春秋时期的鲁人对于祭祀的功能已经十分清楚，鲁文公的宗有司就说："夫祀，昭孝也。"因此，鲁人在祭祀中很注重培养伦理亲情，虽然他们并不太注重祭祀的对象，但是格外注重祭祀的教化作用。

与西周时期相比，春秋时期的祭祀之礼已经不再那样盛行与隆重，不少制度化的东西也遭到了冲击。一些有识之士继承了西周以来的进步思想，已经初步认识到天神不可依，要"先成民而后致力于神"，在某种程度上从天神宗教的束缚下解放出来，从而有意无意地减少了主持和参加祭祀的热情。而且随着公卿大夫势力的对比变化，原来等级礼制的约束力明显减弱，到了春秋后期，孔子所谓的礼崩乐坏局面终于出现了，祭祀礼仪中违背礼制的僭越行为已经层出不穷。

（三）至圣孔子，倡言"王道"

在浩瀚的中华礼乐文化发展的长河中，孔子具有格外重要的地位。两千多年前，太史公司马迁曾评价孔子说："孔子布衣，传十余世，学者宗之。自天子王侯，中国言六艺者折中于夫子，可谓至圣矣。"（图41、42）"至圣"是指从圣人中走来，前无古人，后无来者，出类拔萃、独步天下的人物。这样一位伟大的思想家就诞生在当时礼乐文化的中心鲁国（图43）。

图41　万事师表匾额

孔子，名丘，字仲尼。鲁国陬邑（今山东曲阜东南25公里）人（图44、45）。生于鲁襄公二十二年（公元前551年），去世于鲁哀公十六年（公元前479年）。他的祖先是宋国的贵族，是微子启的后代。在宋国的一次统治集团的内争中，孔子的先祖孔父嘉被杀，他的后代防叔避祸逃到鲁国。他们从此丧失了原来的社会地位。防叔的孙子叔梁纥就是孔子的父亲，他是鲁国一位有名的武士，曾为陬邑大夫。孔子三岁时，父亲去世，母亲颜徵在带着他迁居到鲁国都城曲阜（图46）。在母亲的教导下孔子非常好学，鲁都曲阜也给了他学习周代礼乐的好环境。孔子好学、乐学，不放过任何一个学习的机会，那个时代的人要立足于社会必须掌握的六种基本的知识和技能——礼、乐、射、御、书、数，孔子都非常认真地学习过了，而且每一项都非常精通（图47）。由于孔子好学、知礼，所以还在少年时期就在鲁国小有名声。鲁国人几乎都知道有个"陬人之子"精于礼，却好学不止。孔子十七岁，母亲去世，从此孔子更加勇敢地面对人生的苦难与困难。

由于生活所迫，孔子年轻时"多能鄙事"。据说他当过吹鼓手，20来岁时给鲁国大贵族季氏当过管理账目的"委吏"和管理牲畜的"乘田"，还从事过一种"相礼助丧"的职业，也就是专门帮助人家办丧事。这些都属于"鄙事"的范畴。后来，随着孔子"博学"名声的日隆，孔子便开始招徒讲学，开辟了一条私人讲学的道路。据说孔子一生教授弟子3000人，"身通六艺者"就有72人。也就是在招徒讲学的过程中，孔子创立了儒家学派。孔子的思想也渐趋成熟起来。

孔子思想的内容十分丰富，"礼"和"仁"是其中两个最为重要的组成

图 42　孔子行教像

图43　至圣庙牌坊

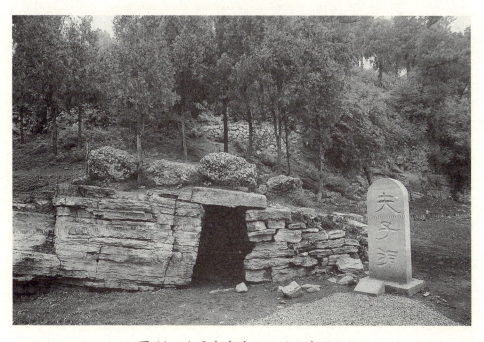

图44　孔子出生地——尼山夫子洞

图 45　尼山孔庙

图 46　孔子故宅

图 47 曲阜"孔子六艺城"

图 48 孔鲤墓

部分。

孔子生活的春秋时代，周天子的地位一落千丈，"礼乐征伐自诸侯出"、"礼乐征伐自大夫出"，甚至"陪臣执国命"，礼失去了约束力，社会混乱无序。孔子为此痛心疾首，极力主张重建礼治秩序。他认为礼的作用是无与伦比的：上层人士"好礼"，以身作则，为民垂范，就会政行令从；下层民众"约之以礼"，就不会犯上作乱。所以孔子对礼的倡导不遗余力。孔子曾教导儿子孔鲤"不学礼，无以立"（图48），要求弟子颜渊"非礼勿视，非礼勿听，非礼勿言，非礼勿动"，呼吁统治者对百姓"道之以德，齐之以礼"。孔子还提出"复礼"的主张，"复礼"必须"正名"，即不同等级的人们，都要严格遵照"礼"所规定的等级名分和相应的行为规范行事，使贵贱有等，上下有序，各安其位。孔子所重视与所提倡的"礼"就是维护贵族等级制度和社会统治秩序的周礼，但是孔子也明白，周礼也必须与时并进，随着社会的变化而变化，所以孔子及其弟子们对周礼做了不少改良，其中最值得称道的是扩大了礼的使用范围，把礼普及到平民中去，以"礼"齐民。

孔子思想产生之初，孔子所关注最多的是"礼"。那时孔子刚刚步入社会，由于对周代礼乐的精深造诣，他名声日隆，从学的弟子也很多，所以这一时期孔子谈论最多的是"礼"，他所念念于怀的就是怎样以周代礼乐重整社会。随着时间的推移，孔子对社会的认识逐渐深化。他到处推行自己"礼"的政治主张，企图用自己的学说改造社会，却事与愿违，处处碰壁。他不得不进一步思考"礼"之不行的深层原因，于是孔子开始越来越多地提到"仁"，议论"仁"与"礼"之间的关系。这样，孔子"仁"的学说得到充分地拓展和完善。

一般说来，"仁"的思想属于道德范畴，是一种处理人际关系的思想。在新发现的战国时期的竹书中，"仁"字写作从身从心，上下结构，这就是说儒家的仁首先是修身，即求己、修己，就像曾子所说的"吾日三省吾身"，只有修养自身，才能更好地做到爱人。作为爱人的意思，是儒家的仁的第二层面。

当弟子樊迟问"仁"时，孔子回答说："爱人。"对于统治者来说，爱人就是爱下层民众，即"泛爱众"。为此，孔子希望统治者都能够做到"为政以德"，成为仁人君子，成为学道君子，所以孔子说"君子而不仁者有矣夫，未有小人而仁者也"，认为"君子学道则爱人"。而孔子讲仁，归根结蒂是为了"礼"，一次大弟子颜渊同样也问"仁"，孔子又回答说："克己复礼为仁"。这句话表明了孔子"仁"的思想的目标，他认为"仁"便是人们都能"克己复礼"，只有"克己"、"修己"，以周礼的标准规范自己的行为，才算达到了仁的要求。孔子的另一位弟子有子说："孝悌也者，其为仁之本与。"另一弟子曾子说："夫子之道，忠恕而已矣。"孝悌与忠信等等是紧密联系的，孝悌是忠信的基础，子孝于父，臣忠于君是一致的，这同"治国平天下"必先"齐家"的道理完全相同。君主慈爱臣民，臣民忠于君主，天下有道的局面便不难出现了。由此推广开来，仁对于人们的一切行为都有具体的要求，所以子张向孔子问"仁"时，孔子说："能行五者于天下为仁矣。"他说这五者是"恭、宽、信、敏、惠"，认为"恭则不侮，宽则得众，信则人任焉，敏则有功，惠则足以使人"。此外，孔子所说的"恕"也是一种"仁"，孔子认为恕"可以终身行之"，而这个"恕"便是"己所不欲，勿施于人"。在孔子看来，当时社会出现天下大乱，主要是由于社会上缺乏恕道而造成的。如果能够按照恕道行事，人与人的关系自然会好转，从而变无道为有道。

孔子的这些关于"仁"的学说很自然地使我们想到礼乐教化传统，其实，孔子对于"仁"的要求，正是那时教化的目标。而那时的教化就是服务于当时的政治统治，所以说到底，孔子关于仁的思想本来就是由他的礼治思想生发开来。

孔子本人对为政有着浓厚的兴趣，他的很多弟子前来求学的目的也是为了"学而优则仕"。而且孔子办学很有成就，他与弟子们实际上组成了一个有影响的社会集团，具备了从政的条件。他们初步研究了政治问题，为将来出仕从政做了比较充分的理论准备。

孔子认为，为政必须把德摆在第一位，实行德治，因此他提出了"为政以德"的主张。而且孔子还把"德政"放在非常重要的位置，认为对百姓"道之以德，齐之以礼，有耻且格"。孔子主张为政应德主刑辅，反对一味地滥用刑罚。

鲁国大贵族季康子曾经两次问政于孔子，一次问："如杀无道，以就有道，何如？"孔子回答说："子为政，焉用杀？子欲善而民善矣。君子之德风，小人之德草，草上之风，必偃。"可以明显看出，孔子相信道德的教化作用，认为君子之德好像风一样，小人之德好像草一样，风向哪边吹，草就向哪边倒。另一次季康子问政，孔子回答说："政者，正也。子帅以正，孰敢不正？"孔子认为政治向来是上行下效的，为政者身正，就会对下起到一种示范性的作用，影响到社会风气。"苟正其身矣，于从政乎何有？不能正其身，如正人何？""其身正，不令而行；其身不正，虽令不从。"

在影响政治的诸多要素中，孔子格外重视"民"的作用，认为国家的命脉就是"民信"。一次弟子子贡问政，他回答了三条：足食、足兵、民信。子贡又问：如果这三条必须去一条的话，去哪一条呢？他说：去兵。子贡接着问：再去一条呢？他说：去食。惟有民信不可去，因为"自古皆有死，民无信不立"。对于三者重要性的排序，孔子坚持是：信、食、兵。孔子认为为政的三大步骤就是"庶、富、教"，在他看来，仅仅招徕人口，国家人口众多，这是很不够的，还要进一步让人们富裕起来，最后还要让人们接受教育。这是中国历史上最早的富民主张。

《论语·季氏》篇还记载说："丘也闻有国有家者，不患寡而患不均，不患贫而患不安。盖均无贫，和无寡，安无倾。夫如是，故远人不服，则修文德以来之。既来之，则安之。"这些光辉的思想可以说是影响深远的。为政，对内就是谋求"平均"、"和谐"、"安定"，对外是修德以招徕远方之人。贫穷、人少都不可怕，可怕的是贫富不均，人心不安。所以要缩短贫富差距，做到大致均平。人与人要和谐相处，社会才能安定团结。对远方不归顺的人要以德服人，用文明的方式解决争端。

此外，孔子也很重视为政的其他细节问题，如"赦小过"，"举贤才"，为政"欲速则不达，见小利而大事不成"，以及勤政、忠信等问题。

图49　孔子列国行群塑

孔子一生对政治充满了热情，在鲁国不得重用，他便游历诸侯，长达十四年，风餐露宿，九死一生，但他的"王道政治"还是无法推行，孔子深以为憾（图49）。然而，孔子的思想学说广博精深，他的以仁爱为中心的道德思想体系影响极大。后来，孟子发展了孔子的思想，建立了具有完整体系的政治理论——"仁政"学说。孟子接替孔子的使命，大力倡导"仁政"、"王道"。

（四）孔门弟子，阐扬师说

孔子在礼乐方面的独特造诣，对仁义的积极倡导，使他在鲁国甚至其他诸侯国享有了较高的声望。孔子收徒授学，弟子众多，不少弟子学有所成，也使孔子赢得了崇高的社会地位。在孔子的门下，汇集成为一个比较庞大的弟子群，世传"弟子三千，贤者七十"。孔子所培养出来的孔门弟子们，在他身后，不断分化着、发展着他所创立的儒家学说，成为儒家学派发展的不可或缺的中坚力量。

孔子由杏坛设教起，周游列国期间，晚年归鲁，直到生命的最后时刻，从来没有停止过他的教育活动，前后持续了40多年（图50、51）。孔子把教育弟子看做是他政治生涯的一个重要组成部分，他在仕途上屡屡受挫的情况下，便把希望全部寄托到自己培养的弟子们身上。孔子"有教无类"，招收的弟子不受出身、年龄、地域的限制，他的私学的大门向任何人都是敞开着的，因此孔子招收了为数众多的弟子。在教学内容上，"孔子以《诗》、《书》、礼、乐教"。"子以四教：文（文献）、行（实践）、忠（忠诚）、信（信实）"。孔子教导弟子"毋意（不臆测），毋必（不武断），毋固（不固执），毋我（不自以为是）"。在教学方法上，孔子"因材施教"。首先他对每个学生了如指掌，如他评价说："由（子路）也果（有决断）……赐（子贡）也达（通情达理）……求（冉求）也艺（多才多艺）。""柴（高柴）也愚（愚笨），参（曾子）也鲁（迟钝），师（颛孙师）也辟（偏激），由也喭（粗鲁）。"在掌握了每个弟子的特点后孔子便"因材施教"。我们从《论语》中就可以发现，即使是同一问题，不同的弟子询问，孔子的回答也不一样，如弟子"问仁"、"问孝"的情况都是这样。孔子对弟子区别对待，从而使学生各具特长。孔门弟子，特别是那些较早的及门弟子，都各有所长，在一些方面表现比较出众："德行：颜渊、闵子骞、冉伯牛、仲弓。言语：宰我、子贡。政事：冉有、季路。文学：子游、子夏。"孔子渊博的学识及其对弟子的无私的教导，赢得了弟子们对他的无比信赖与尊敬（图52）。大弟子颜渊曾经感叹说："仰之弥高，钻之弥坚"；子贡认为："仲尼，日月也，无得而逾焉。"（图53）在孔门弟子眼中，孔子就是圣

图 50　孔子杏坛设教图

图 51　曲阜孔庙杏坛

图 52　宰予墓

图 53　曲阜孔庙前的万仞宫墙

人，甚至认为孔子就像天空中的日月一样，没有任何人能够超越。其中许多弟子，几乎是终身追随孔子。孔门弟子尊敬孔子，服膺孔子学说，不仅造成了很大的声势，而且也实实在在地提高了孔子与儒学的地位。孔子去世后，葬在鲁国国都以北，他的弟子们都按照对待父亲的礼仪为孔子守丧三年，三年过去，弟子们在孔子的墓前大哭一场，然后相别而去（图54）。子贡还是不忍离去，就在孔子的墓前结庐而居，又守了三年。至今，在孔子的墓前，还有"子贡庐墓处"，向人们诉说着孔门感天地、泣鬼神的师徒深情（图55）。

孔门弟子随着孔子的去世而"散游诸侯"，但是孔门弟子毕竟以鲁人为多。在知道名字的弟子中，出生于鲁国的就有五六十人，孔子比较著名的弟子中，除子贡、子夏、子游以外基本上是鲁人。

孔子弟子以颜回最为有名。颜回（公元前521—前481年），字子渊，亦称颜渊，少孔子30岁。他十分注重仁德修养，在孔门弟子中以"德行"著称（图56）。对于孔子的学说，颜回是由衷服膺，以至于他紧随孔子，"夫子步亦步，夫

图 54　孔子墓

图 55　子贡庐墓处

图 56　颜回像

图 57　颜回庙

图 58　颜庙前卓冠贤科牌坊

图 59　三圣像

子趋亦趋"。在孔子去世后
的儒家八派中，颜氏儒是否
为颜回所传，人们存有疑问
（图57）。有学者认为颜回
死时已经有41岁，或者颜
回曾独立讲学，招收弟子；
或者是在颜回思想的影响
下，逐渐从儒家学派中分化
出一个相对独立的学派（图
58）。

在后来的儒家八派中，
子张之儒被列为首位。子张
就是被孔子认为比较偏激的
颛孙师。此外，孔子还评价
子张说："师也过"，也是与
"师也辟"的评价一致的。
根据《论语》来看，子张曾
经向孔子请教很多问题。
如："问行"、"问善人之
道"、"问明"、"问崇德辨
惑"、"问达"、"问政"、
"问干禄"等等。对于子张
的提问，孔子多以"忠信"
之类的言论来回答他。在孔
子的教育下，子张非常注重

图60　曾子像

自己的道德修养。子张的为人，不拘小节，善于包容。在中国历史上，子张一直
是善于广交朋友的典范。子张随时记录孔子关于忠信的言语以及子张本人对忠信
问题的阐发，对后世影响是比较大的。孔子去世后，子张居于陈，招收了不少的
弟子，见于记载的子张后学有申祥、公明仪。

曾子是孔子的重要弟子（图59）。曾子（公元前505—前432年），名参，字
子舆，鲁国南武城（山东嘉祥）人，少孔子46岁（图60）。作为孔子晚年的得
意弟子，曾子属于修养比较全面的，但他对后世影响最大的，恐怕还是他的孝行

以及孝的思想。曾子"仁以为己任"，重视仁德，而他的仁德就是以"孝"为根本的。相传《孝经》一书为曾子所作，该书可能出于曾子一派的儒者（图61）。

图61 曾子墓

据说，曾子曾经为官于莒，也曾收徒授学。父母去世后，曾子又"南游于楚，得尊官焉"。这样曾子的名声越来越大，以至于齐国欲迎以为相，楚国想迎立为令尹，晋国则打算让他做上卿。但是曾子一概不为所动，而是专心于忠、孝、仁、义的学业和传授弟子的教学活动。按照《孟子·离娄下》的说法，曾子的弟子也有七十多人，著名的军事家吴起据说也曾"学于曾子"。由曾子和他的弟子们所组成的"洙泗学派"，一直被视为孔门后学中发展孔子学说的重镇之一。据说孔子之孙子思曾师从曾子，而孟子又学于"子思之门人"（图62）。所以说曾子上承孔子，下传子思，对儒学的发展，起到了不可或缺的重要作用。为了传播孔子的学说思想，晚年的曾子也开始著书立说。《汉书·艺文志》中曾著录有《曾子》十八篇，在隋以后《曾子》尚有二卷。曾子的思想，现在主要保存在《论语》、《大戴礼记》、《礼记》、《孝经》等典籍中。

闵子骞名闵损，子骞是他的字。他少孔子15岁，也被孔子称为"孝"。《孝经》上称赞他"单衣顺母"，容忍继母虐待以维护家庭的完整。他为人少言寡

图 62 　嘉祥曾子庙

语，但讲话却很中肯，正如孔子所评价的那样："夫人不言，言必有中。"他也以"德行"著称（图63）。宁愿不要官职俸禄，也不做有损于仁德的事情，"不以其仁易晋、楚之富"，"不仕大夫，不食污君之禄"。

　　子路也是孔子最为亲近的弟子，子路名仲由，又称季路。鲁国卞邑（当今山东泗水泉林）人（图64）。子路出身低微，为人果敢、直爽，甚至有时表现得很粗鲁。孔子时常批评他，但在内心却称赞他的耿直和进取之心，对他的政治才能抱有很大希望。后来在孔子的教导下，子路终于成为一位善于"政事"的人物。他先在大贵族季氏那里做了家宰，即季氏家族的总管。公元前498年鲁国"堕三都"时，子路就站在孔子的立场上，积极参加了这一活动。孔子周游列国时，子路和颜回等人，始终追随孔子，由于子路的勇武，在一些方面保护了孔子。所以孔子曾说："自吾得由，恶言不闻于耳。"在孔子停留卫国的时候，子路做了孔悝的蒲邑大夫。孔子回鲁后，子路也可能随而回鲁，并参加了鲁国的一些政治活动。但他可能一直没有辞去其蒲大夫的职务，后来又回到了卫国。公元前480年，卫国贵族内部发生争权夺利的斗争，子路在这一事件中忠于信义被杀（图65）。

　　子路除了在"政事"方面特别突出外，在孝行、守信等诸多方面也是非常有

图 63 《二十四孝》中的闵子骞

图 64 泗水子路故里碑

影响的。子路"百里负米养亲"以及"无宿诺"的德行,在民间也是广为流传的。在历代的著述中,子路往往被当成由于教化,野人变为贤才的典范。《后汉书》称赞他说"子路至贤"，有"杀身成名，死而不悔"的精神。

在孔子的弟子中，出身鲁国的著名人物还有不少，如能言善辩的宰我、坦率直爽的冉求、大智大勇的漆雕开等等。孔子弟子，特别是那些出身于鲁国的弟子，有的参与政治，有的致力于阐扬儒道，都为推广孔子学说、为儒学首先在鲁国的兴盛作出了重要贡献。

孔子晚年招收的弟子子夏以擅长"文学"而著称。子夏，名卜商。生于公元前507年，卒年不详，卫国温邑人（今河南温县西）人。孔子去世后，子夏讲学于魏国西河地区（大约是今山

图 65 河南濮阳子路墓

西南部），并且"为魏文侯师"，也许是由于子夏的讲学影响很大，以至于西河地区的人，都把子夏当成了孔子。据《史记》记载，子夏的弟子除魏文侯外，还有不少。子夏发明了章句之学，对于儒家经典的传播作出了突出的贡献。如《春秋》，如果没有《公羊传》、《穀梁传》，后人是很难读懂的。而这都与子夏的传承有着直接关系。

孔子晚年招收的另一弟子子游也是以擅长"文学"而著称。子游，名言偃，生于公元前506年，卒年不详，吴（今江苏常熟）人。据说孔子曾经非常高兴地说："我的门下有了子游这样的学生，我的思想学说将要向南方发展！"子游确实也做到了"道启东南"。子游在他61岁时，回归江南故乡。在虞山等地收徒讲学，弟子数以千计。子游被誉为"南方夫子"，是南方儒学学脉之祖。

孔子在世的时候，孔门弟子没有另立门户，但是他们事实上是学有所长，术有专攻。孔子去世后，孔门弟子或者从政为官，或者退隐江湖，或者招收门徒，孔门分流也就势在必然。《韩非子·显学》记载说："自孔子之死也，有子张之儒，有子思之儒，有颜氏之儒，有孟氏之儒，有漆雕氏之儒，有仲良氏之儒，有

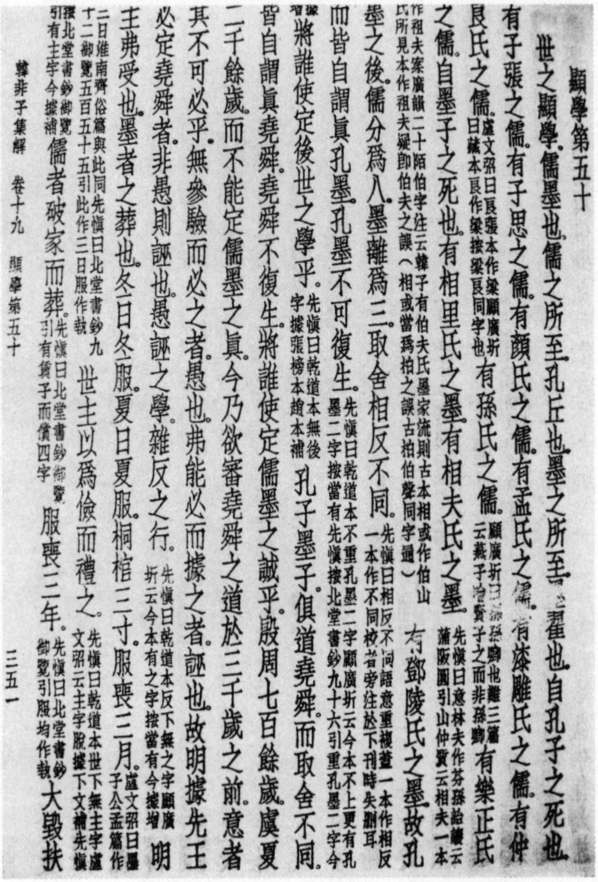

顯學第五十

世之顯學。儒墨也。儒之所至。孔丘也。墨之所至。墨翟也。自孔子之死也

有子張之儒。有子思之儒。有顏氏之儒。有孟氏之儒。有漆雕氏之儒。有仲

良氏之儒。盧文弨曰良張本作梁顧廣圻曰藏本良作梁按梁良同字也有孫氏之儒。顧廣圻曰孫孫卿也難三篇云燕子噲賢子之而非孫卿有樂正氏

之儒。自墨子之死也。有相里氏之墨。有相夫氏之墨。先愼曰意林夫作芬孫詒讓云蒲阪圓引山仲質云相夫一本

作祖夫案廣韻二十陌伯字注云韓子有伯夫氏墨家流則古本相或作伯山氏所見本作祖夫疑卽伯夫之誤（相或當爲柏之誤古柏伯聲同字通）有鄧陵氏之墨。故孔

墨之後。儒分爲八。墨離爲三。取舍相反不同。先愼曰相反不同語意重複蓋一本作相反一本作不同校者旁注於下刊時失删耳

而皆自謂眞孔墨。孔墨不可復生。先愼曰乾道本不重孔墨二字顧廣圻云今本不上更有孔墨二字按當有先愼按北堂書鈔九十六引重孔墨二字今

據增將誰使定後世之學乎。先愼曰乾道本無後字據張榜本趙本補孔子墨子。俱道堯舜。而取舍不同。

皆自謂眞堯舜。堯舜不復生。將誰使定儒墨之誠乎。殷周七百餘歲。虞夏

二千餘歲。而不能定儒墨之眞。今乃欲審堯舜之道於三千歲之前。意者

其不可必乎。無參驗而必之者。愚也。弗能必而據之者。誣也。故明據先王

必定堯舜者。非愚則誣也。愚誣之學。雜反之行。先愼曰乾道本反下無之字顧廣圻云今本有之字按當有今據增明

主弗受也。墨者之葬也。冬日冬服。夏日夏服。桐棺三寸。服喪三月。盧文弨曰墨子公孟篇作

三日淮南齊俗篇與此同先愼曰北堂書鈔九十二御覽五百五十五引此作三日服作執世主以爲儉而禮之。先愼曰乾道本世下無主字盧文弨云主字脫據下文補先愼

據北堂書鈔御覽引有主字今據補儒者破家而葬。先愼曰北堂書鈔御覽引有賃子而償四字服喪三年。先愼曰北堂書鈔御覽引服均作執大毀扶

韓非子集解　卷十九　顯學第五十　三五一

图 66　《韩非子》书影

孙氏之儒，有乐正氏之儒。”（图 66）以上儒家对孔子学说的传播各有侧重，有的侧重传经，有的着重弘道，有的则自觉地在生活中实践孔子的学说。孔子于“六经”各有所传，在这个过程中，起主要作用的自然是孔门弟子。他们“各得圣人之一体”，从不同方面、不同角度，继承和发展了孔子的思想学说。尽管形式上千差万别，但他们是殊途同归，在不断分化的过程中，继续捍卫和发展了孔子的学说，掀起了孔子去世后儒学传播的第一个高潮。

（五）思孟学派，孔学“正宗”

儒家文化是中国传统文化的主干。提到儒家文化，谁都会想到孔子和孟子这

两位儒学大师。孔子是儒家
的创始人，孟子对于弘扬和
发展孔子学说作出了巨大贡
献。其实，在孔、孟之间，
还有一位在当时颇负盛名的
儒学领袖，他就是孔子的嫡
孙子思。

　　子思（公元前483—前
402年），名孔伋。其父孔
鲤是孔子的独子，先孔子而
死。少年的子思是孔子晚年
的安慰。《孔丛子·记问》
篇记载：有一天，孔子在家
闲坐，喟然长叹。子思给孔
子拜了两拜，小心翼翼地问
道，爷爷是否担心做子孙的
不修德敬业，有辱祖上的名
声？是否担心尧舜的圣王之
道不能相传？孔子惊讶地
说，你小小年纪怎么能知道
我的志向？子思答道，我常
听您说，父亲劈了柴，儿子
如果不能背回来，就是不

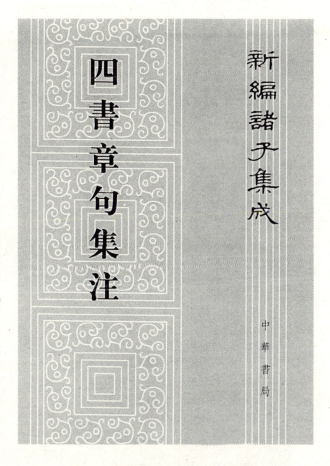

图67　《四书章句集注》书影

肖。我每次仔细思考其中的意思，恐怕有所懈怠。闻听此言，孔子露出了喜悦的
笑容，高兴地说，是这样吗？既然你如此懂事，我就没有什么忧愁了！这段对
话，生动地体现了祖孙两代之间的圣脉相传。孔子发现子思小小年纪竟有如此高
的悟性，真是孺子可教，于是着力培养他研读《诗》、《书》、礼、乐，把他领进
了儒学的殿堂。

　　子思少年时代受教于祖父孔子，孔子去世后，又从孔子弟子那里继续学习孔
子学说。当时的人对子思思想的来源比较感兴趣，比如，鲁穆公问子思：你的书
中记录孔夫子的言语，有没有根据。子思回答说：臣记录祖父的言论，有的是亲
耳听他老人家说的，有的是从别人那里听说的。用《孔丛子》中的话说，就是有

图68 "子思子作中庸处"碑

"亲闻之者"，有"闻之于人者"。但他强调说，即使是从别人那里听说的，也不会远远偏离孔子思想的本意。子思在孔子去世后，秉承祖父遗志，以最大的热情投入到学习中。他向孔子的诸多弟子求教，如子游、子夏，但更多的求学于曾子。

孟子曾经评论说："曾子、子思同道。曾子，师也，父兄也；子思，臣也，微也。曾子、子思易地则皆然。"他们师徒二人具有相同的特点。曾子对于圣人之后，又是儒学正宗传人的子思不以老师自居，也在情理之中。从曾子那里，子思继续学习孔子思想的真传。曾子着力发展了儒家"内圣"之道，以此作为儒家"外王"的基础。子思则紧接着曾子修己"内圣"之道，进一步发展了孔子"修己安民"的儒家思想。此外，子思还阐发了孔子的中庸之道，著成《中庸》一书，被收在了《礼记》中（图67、68）。另外，《礼记》中的《表记》、《坊记》、《缁衣》也是子思的作品。这些都属于子思及其学派的著作文集《子思子》（图69）。

1993年冬天，在湖北荆门郭店的一座楚墓里出土了大量的竹简。这些竹简经过整理，可以分为三组。第一组：《缁衣》、《五行》、《性自命出》、《成之闻之》、《尊德义》、《六德》6篇；第二组：《鲁穆公问子思》、《穷达以时》；第三组：《唐虞之道》、《忠信

图69　《子思子》书影

图70　《郭店楚墓竹简》书影

之道》。根据著名历史学家李学勤先生等人的研究，第一组的六篇简文无不与子思有密切关系，李先生进而指出，《缁衣》等六篇简文正是已经亡佚的《子思子》的部分。可以说这些竹简或者出自子思之手或者出于子思弟子或门人之手，应该都属于子思学派的著作（图70）。

通过对子思著作的研究，可以看出子思在继承孔子、曾子思想的基础上又有了新的发展。他在孔子"性相近，习相远"命题的基础上，深入探讨了人性。他认为最初的人性是仁爱，忠、义、礼、智、信等品质都是由仁生发而来。子思的

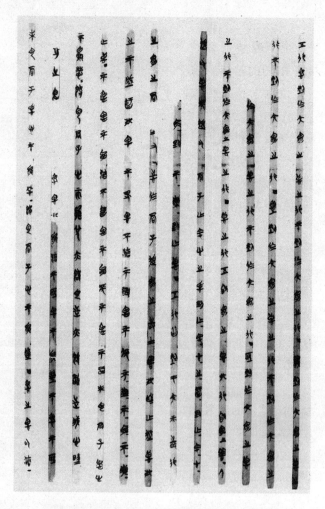

图71 《郭店楚墓竹简·五行》图版

人性论已经具备人性善的特点，离孟子的性善论只有一步之遥。子思在孔子、曾子天道观的基础上借用了当时流行的自然五行说，将人道与天道相结合，创立了"德之五行"说，即认为德是"仁、义、礼、智、圣"五种德行之和（图71）。子思继承了孔子的中庸思想，创立了"至诚"的诚信理论。子思发展了曾子"慎独"的修身思想，注重提高修身的自觉性。

子思开创了孔子以后儒家最重要的学术派别——子思学派（图72）。子思学派在当时占有重要的地位，它是先秦儒家学术传承的桥梁，孟子的学问通过子思学派可以上溯到孔子那里。

图72　子思墓

孟子，名轲，邹国（今山东邹城）人，为鲁国孟孙氏的后代（图73）。孟子的生卒年有多种说法，一般认为他生于周烈王四年（公元前372年），卒于周赧王二十六年（公元前289年），终年84岁（图74）。孟子是子思以后儒家学派的又一个伟大的思想家。孔子的学说经过曾子、子思的传承，到了孟子这里，达到了一个新的思想高潮。

孟子少时在母亲的严格管教下求学，年龄稍长，"受业于子思之门人"。他最为敬重的人是孔子，曾经说："乃所愿，则学孔子也。"又说："予未得为孔子徒

图 73　孟子像

图 74　孟子故里

图 75　孟子庙

也，予私淑诸人也。"还称赞说："自生民以来，未有盛于孔子也。"孟子通五经，尤长于《诗》、《书》、《春秋》。

经过刻苦学习与钻研，孟子后来便开业收徒授学。孟子认为，人生最快乐的事情是"得天下英才而教育之"。中年以后，他"以儒道游于诸侯"，极力宣传自己的学说思想，但是终不见用。他的一生，除中年以后二十几年游历各国外，主要从事教育事业。孟子的弟子虽然不及孔子的弟子数量多，但仅就《孟子》一书所记，可考者也有十几人，如公孙丑、万章、乐正子、公都子、屋庐子、孟仲子等（图75）。

孟子时代是一个诸子并起、百家争鸣的时代。当时与儒家相对立的，以墨家和杨朱学派势力最大，所以孟子说："杨朱、墨翟之言盈天下。天下之言，不归杨，则归墨。"又说："逃墨者必归于杨，逃杨者必归于儒。"可见，当时的思想界，儒、墨、杨有三分鼎立之势。孟子继承孔子的衣钵，以孔子的护道者自居，辟杨、墨，正人心，在继承子思学说的基础上，创立自己的学说体系，继续捍卫孔子之道。

孟子沿着子思开创的人性论的道路，提出了鲜明的性善论主张。他认为人的本性里具有向善的因素，也就是善端，只要把善端加以扩充，就能发展为完整的善性。人所固有的善端有四，即恻隐之心、羞恶之心、辞让之心、是非之心。四端向外扩充就是仁、义、礼、智四德。所以说人的道德品质乃是人性固有的，与生俱来的，但"操则存，舍则亡"，需要后天不断地学习与修养，尤其是养"浩然之气"，才可以不断地保持人的善性。

孟子的这种性善论，是以其主观唯心主义世界观为基础的。孟子既是孔子"天命"论的继承者，也是子思"至诚"理论的发挥者，为了按照"天命"行事，孟子提出了一套尽心、知性、知天的原则。他说："尽其心者，知其性也，知其性，则知天矣。""尽心"就是要尽量扩充和发展仁义礼智等固有的善端，只有这样，才能完整地把握、认识人的本性；能完整地认识人的本性，就能够知道"天"了。孟子的天人合一的世界观和人性论溯源于天，归本于人，这也是他的"王道"、"仁政"学说的理论基础。

孔子以"仁"为本的德治奠定了儒家政治思想的基础，但是孔子的德治思想还不够系统和完善。子思在坚持"仁"本的前提下，适应战国时期变法的需要，积极倡导"义"在政治中的作用。孟子则继承了孔子、子思的政治思想，以儒家仁爱之德为核心，以民本思想为基础，以"义道"为实践原则，以"制民之产"为途径，逐渐形成了系统的儒家"仁政"思想体系（图76）。

图 76　亚圣殿

　　孟子从对历史经验的总结和对战国风云深刻洞察的基础上，认识到了民众的巨大力量，认为人心的向背决定了统治者的政治命运，禹、汤、文、武得民心而得天下，夏桀、商纣失民心而失天下。

　　孟子认为国君治理天下有三件法宝：土地，人民，政事，可见孟子对民众的重视。在此基础上，孟子提出了影响深远的民贵君轻思想。孟子说："民为贵，社稷次之，君为轻。"在历史上第一次把民众的地位放到了国君的前面（图77）。

　　民众既然那么重要，国君应当处处为民众着想。而对于民众来说，只有获得了一定的物质基础，拥有了一定的产业，才会维护国君的统治，孟子称之为"有恒产者有恒心"。因此，当政者应该把土地分给农民，每家各有"私田"百亩，其中五亩用于住宅，房屋周围种上桑树。这样，五十岁以上的人就有丝织衣服穿了。再根据时节养些鸡，养些猪，这样，七十以上的人就有肉吃了。另外，还有百亩"公田"，由八家共耕，使"耕者助而不税"。孟子不仅重视农业，主张"不违农时"，而且主张"省刑罚，薄税敛"，农工商共同发展，藏富于民。如此一来，人民就会安居乐业，拥护国君的统治。

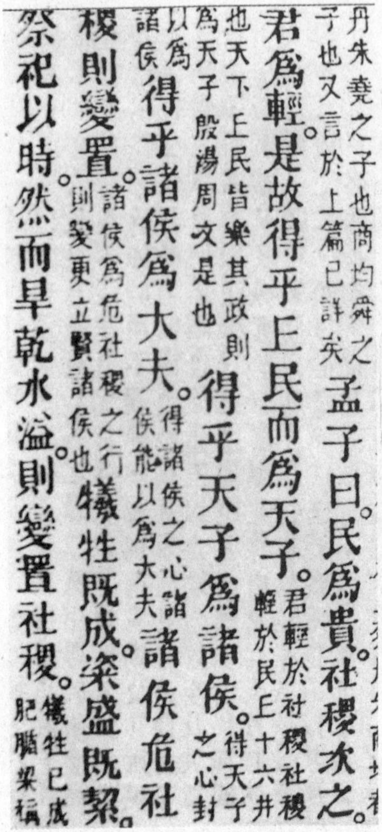
丹朱堯之子也商均舜之子也又言於上篇已詳矣孟子曰。民爲貴。社稷次之。君爲輕。是故得乎丘民而爲天子。君輕於社稷社稷輕於民丘十六井也天下丘民皆樂其政則爲天子殷湯周文是也得乎天子爲諸侯。得天子之心封以爲諸侯得乎諸侯爲大夫。得諸侯之心諸侯能以爲大夫諸侯危社稷則變置。諸侯爲危社稷之行則變更立賢諸侯也犧牲既成。粢盛既絜。祭祀以時。然而旱乾水溢。則變置社稷。犧牲已成肥腯粢稻

图 77 《孟子》“民为贵”的记载

孟子还十分重视对人民的教化，这也是其“仁政”学说的特点之一。在孟子看来，人民有了稳定的经济生活，仅仅是“王道之始”，只有进而对人民施行教化，才能完成王道政治的实现。

除了重视民众的作用，孟子也非常重视贤士的作用，他认为，国君要“王天下”，带来政治上的益处，就必须使“贤者在位，能者在职”，前代的圣王霸主取得天下，无一不是如此。

孟子生活的时代，兼并战争接连不断，对当时形势的发展，孟子有一个清楚的认识。当梁惠王问孟子天下怎样才能安定时，他明确地回答说：“定于一。”而在如何统一天下的问题上，孟子坚决主张“王道”，反对“霸道”。

孟子心中的王道，是以“内圣”为前提。内圣是儒家一贯坚持的君子修身成圣，这样具有高尚道德的君子作为统治者，是儒家德治的前提。孟子心目中的尧、舜、禹、汤、文、武、周公均是道德高尚的圣人。这样的圣人君子治国必定推行礼乐教化、以德服人的仁政。把仁政不断地推广开来，就是王道之路，只有王道才能完成天下的统一。霸道则是凭借刑罚和武力，以强硬的方式治理国家，虽然这种方式可以在短时间使人屈服，但强硬的武力与人情不符，所以必定不会长久。孟子看到兼并战争造成“争地以战，杀人盈野；争城以战，杀人盈城”的悲惨局面，提出发动兼并战争的人罪不容诛。孟子反对不义战争，但支持仁义之战。认为商汤流放夏桀，武王讨伐商纣是顺天而行，救民于水火，发动的是维护仁义的战争。

面对战国诸侯争雄、人民遭受深重苦难的社会现实，孟子告诉统治者，这是一个难得的历史机遇，得道者多助，失道者寡助，只有实行王道，才能征服民心，进而统一天下。

我们可以看出，面对战国时期杨、墨诸家对儒家的非议，孟子予以坚决的回应，在百家争鸣的学术环境中，他“继往圣”，“开来学”，终于成为一代儒学大

师（图78）。由于孟子与子思之间的学术传承关系和思想的一致性，学术界有思孟学派的说法。孟子继承和发展了子思的人性论，形成了以道德修养为中心的儒家心性之学。以子思德治思想为基础，全面阐述了"仁政"理论，最终完善了儒家的"内圣外王"思想体系。思孟学派是孔子以后儒家最重要的学派，是儒学正宗，对后世产生了深远的影响。

图78　孟庙"继往圣"牌坊

（六）鲁人儒服，备于礼文

孔子及孔门弟子的大力宣扬，使儒学得到了很好推广。到战国时期，儒学成为"世之显学"。当时的所谓"显学"，除了儒学以外还有墨学。然而，后来发展的结果却是"儒道传而墨法废"，按照东汉无神论思想家王充的说法，原因在于"儒之道义可为，墨之法议难从"。儒家学派形成于鲁，儒家首先在鲁国产生了重大影响。不仅孔门弟子、孔子后学修习孔子学说、宣扬儒家主张，而且鲁国的民众也都服膺儒学，一时之间"举鲁国而儒服"，形成了崇儒、重儒的风气。

这一切都要从孔子说起。当初，孔子为政于鲁，他就努力地推行个人的主张。据《孔子家语》记载，他做中都宰的时候，曾经制定了"养生送死"的制度，其中的条目有"长幼异食，强弱异任，男女别途，路不拾遗，器不雕伪。"这种教化方法实行一年以后，中都大治，各地的诸侯纷纷效仿学习。孔子做了司寇以后也是一样，《淮南子·泰族训》说："孔子为鲁司寇，道不拾遗，市贾不豫贾，田渔皆让长，而斑白不戴负，非法之所能致也。"（图79）

图79 孔子为鲁司寇像

孔子致力于推行自己的礼乐主张，收徒授学，具有较大的社会影响。孔子生前就已经受到广泛赞誉，并被人们称为"圣人"。如，达巷党人曰："大哉孔子! 博学而无所成名。"太宰问于子贡曰："夫子圣者与? 何其多能也?"子贡曰："固天纵之将圣，又多能也。"陈大夫聘鲁，私见叔孙氏。叔孙曰："吾国有圣人。"曰："非孔丘邪?"曰："是也。"孔子由于知礼、明礼、精通礼乐典章，受到当时士大夫的普遍敬重，人们不仅对他加以赞扬，还主动地向他学习礼仪。鲁大夫孟僖子陪同昭公到楚国访问，因为不能相礼而感到痛心疾首，回国后，听说有"能礼者"便从而问学。临终前，他对他的大夫说："礼，人之干也，无礼，无以立。吾闻将有达者曰孔丘，圣人之后也，……我若获没，必属说与何忌于夫子，使事之，而学礼焉，以定其位。"因此，贵族出身的孟懿子与南宫敬叔都成为孔子的弟子。

孔子曾经周游列国十四年，声名远播，哀公十一年被鲁国用重礼招回，被尊为"国老"，鲁哀公与执政的季康子经常就政事求教于孔子。而孔子的弟子子路、冉求、高柴、樊迟、子游、子夏等人也都先后在鲁国为官，给鲁国政治带来了新的活力、新的气象。孔门弟子个个有学识，有才干，他们自然在为官的过程中推行孔子之道，扩大儒学影响。

孔子及其弟子有名，儒家的著作也同样为鲁人所习读。如鲁哀公二十一年，鲁公与齐侯、邾子盟会时，齐人责备鲁国拘泥于儒家礼书，歌曰："鲁人之皋，数年不觉，使我高蹈。唯其儒书，以为二国忧。"鲁人崇信"儒书"使齐人发怒，证明"儒书"已为不少鲁人所信从，而此时孔子去世仅仅五年，可见孔子与儒学在鲁国的重要影响。

孔子死后，埋葬在鲁国城北泗水之上，"弟子及鲁人往从冢而家者百有余室，因命曰孔里（图80）。鲁世世相传，以岁时奉祀孔子冢，而诸儒亦讲礼乡饮大射于孔子冢"（图81）。可以看出，鲁人对于孔子学说是信服的，正因为如此，孔子的弟子以及孔子的子孙也受到了鲁人的普遍尊敬，终鲁国战国之世甚至秦汉时期，关于"鲁诸生"、"鲁诸儒"的记载不绝于书，他们在当时的社会历史舞台上十分活跃（图82）。

图80　孔林墓葬群

《庄子·田子方》记载了这样一个故事：庄子见鲁哀公。哀公说："鲁多儒士，少为先生方者。"庄子却说："鲁少儒。"哀公反驳说："举鲁国而儒服，何谓少乎？"《庄子》的记载未必可靠，但鲁国儒生数量很多还是应当没有问题的。《庄子》还描述了儒服的特点：儒生戴着圆顶帽子，懂得天时；穿着方形鞋子，

图81　洙泗书院

图82　孔府

懂得地理；身上佩带用五彩丝线穿着的玉玦，遇事果断。这里所描述的儒服可能有些夸张的成分，但它表明身穿儒服正是鲁国儒生的重要标志。儒生不仅读儒书，而且还要穿儒者特有的服装。

"儒"本来是指以相礼为主的人，出现较早，而且又明显与其他职业有别，"儒"的服装也就与众不同。孔子收徒授学，创立儒家学派以后，依据古制，又进一步改定了儒服，"衣因鲁制，冠因宋制"。长衣、高冠是儒服的特点。孔子自己也说："丘少居鲁，衣逢掖之衣。长居宋，冠章甫之冠。"《孔丛子》上记载孔子弟子"子高振长裾。"综合起来看，儒服应该是有宽大衣袖的长服（逢掖之衣），与此相配的是高高的帽子（章甫之冠）。

孔子改定儒服之初，时人对其加以议论者不在少数。"孔子外变二三子之服"。如果想拜孔子为师学习儒学的话，必须改易其服，以标明自己的身份。遥想当年，子路"冠雄鸡，佩豭豚"，雄赳赳，气昂昂地去见孔子，"孔子设礼稍诱子路"，子路心悦诚服，"儒服委质，因门人请为弟子。"由此可见，身穿儒服是儒生的一个显著特点。

由于孔子的影响越来越大，鲁人皆以儒术相尚，因此，鲁国服儒服的人也越来越多。"衣儒衣，冠儒冠"成为当时鲁国的风尚，这些身穿儒服的人不一定都是孔子后学，但是人们对儒学的崇尚是显而易见的。虽然事实未必像《庄子》所记鲁哀公所称的那样"举鲁国而儒服"，但儒学在鲁国有较大的影响却是毋庸置疑的。《淮南子·齐俗训》说："鲁国服儒者之礼，行孔子之术。"《史记·游侠列传》说："鲁人皆以为儒教。"

鲁国本来就是一个具有深厚礼乐传统的国度，是诗的国度，是乐的国度，正因为如此，才在鲁国诞生了儒学，孔子创立的儒学又加深了这种礼乐教化。当然在鲁国，不合于礼的事情也时有发生，并且也在不断地进行着各种改革。然而，对于大多数的鲁人来说，则仍然是以知礼、守礼和复礼为本。在孔子及其弟子后学的倡导下，在鲁国，儒家文化氛围非常浓厚，"俗好儒，备于礼"，在战国浓浓的征战硝烟里，独树一帜。

五 鲁国众贤

（一）立言不朽臧文仲

臧文仲，即臧孙辰。他的曾祖为鲁孝公之子公子彄，因公子彄的字为子臧，所以后世得以臧为氏，臧孙氏成为鲁国的一大世族。公子彄即臧僖伯，僖伯之子是哀伯，他们皆深明大义，刚正不阿，分别在隐公与桓公的时候进谏国君，给人留下深刻的印象。臧文仲即臧哀伯的孙子，是鲁国历史上有名的贤大夫。

臧文仲颇具政治谋略，他头脑冷静，清楚鲁国的国力和鲁国在诸侯争霸中所处的位置，明白鲁国在与诸侯国的交往中应该采取什么样的态度。比较典型的事迹有两例。

其一，鲁僖公二十二年（公元前638年），鲁国占领已被邾国灭亡的须句小国，邾国因此出师攻击鲁国。鲁僖公看不起邾国，不设防备就进行抵御。臧文仲敏锐地觉察到鲁军做法的危险性，劝僖公要积极设防，说："国家没有大小之分，都不能轻视。不设防备，虽然人多还是不足以依靠。《诗经》上说'战战兢兢，如同面对着深渊，如同脚踩着薄冰。'又说：'处事警惕又警惕，天理昭彰不可欺，保全国运实不易！'以先王的美德，尚且做事没有没困难的，没有不小心谨慎的，更不要说我们小国了。您不要认为邾国弱小，黄蜂、虿虫都有毒，何况一个国家呢？"我们可以看出臧文仲的分析是非常正确的。可惜的是，他的话僖公没有听进去，以至于鲁军与邾国军队在升陉交战，鲁军大败，连僖公的头盔也被邾军缴获，还把它悬挂在邾国城门鱼门上，鲁国遭受了奇耻大辱。

其二，鲁僖公二十八年（公元前632年），卫君恃楚国保护而不事奉晋国，晋文公攻打卫国，并在温地会盟的时候，抓住卫成公送到京师。晋文公派医生想用毒药毒死卫成公，但是没有成功，晋文公处在骑虎难下的窘境。臧文仲看到了这一点，劝僖公为卫成公求情，说："我估计卫君没有什么罪了。刑罚有五种，但是没有暗中下毒的。现在晋侯用毒酒毒卫君，没有成功，又忌讳有暗杀的恶名，如果有诸侯为卫君求情，晋侯一定会同意。我听说，诸侯班次相等的就应该互相救恤，这样才能亲近诸侯，提高自己国家的威望，同时也能为民作出表率。况且，鲁国不抛弃自己的兄弟之国，他们又怎能对鲁不友好呢？"僖公听了非常高兴，听从了臧文仲的建议，为卫君求情，送给周襄王与晋文公每人十对玉。果然，晋侯乘势释放了卫成公。这样，鲁国一举两得，既讨得晋人欢心，又解了卫公之难。晋文公认为鲁国有义，从此以后，晋使去鲁国聘问，规格比其他诸侯国加一等，还加重聘礼。而卫成公听说是臧文仲善言解救了他，派人给臧文仲送去礼物，但是臧文仲以臣下不能越过国君行事而婉言谢绝了。

臧文仲忠君思想非常浓厚。他曾经教导季孙行父"事君之礼"，说："见到对他的君主有礼的人，侍奉他犹如孝子供养父母。见到对他的君主无礼的人，杀死他犹如鹰鹯追逐鸟雀。"臧文仲的忠君尊君思想由此可见一斑。不仅如此，臧文仲还把勤于职守、尽责尽力与忠君密切结合起来。他认为"居官而惰，非事君也"，所以每次国家发生大事，他都是"当事不避难"。庄公二十八年（公元前666年），鲁国发生饥荒，他劝说庄公用国家的名器玉帛去齐国购买粮食，并主动请求自己前去。到了齐国之后，利用自己的口才，感动齐国，满载粮食而归。当时，这种"入齐告籴"的难事，别的大臣避都避不开，而臧文仲却主动请缨，他的随从对此十分不解，问他："国君不命令您去，您却自己主动地选择职事，这是为什么？"臧文仲回答说："贤能的人能够急国家之所急，而在国家和平无事的时候倒可以让贤，居官在位的人当事决不能逃避，应当以身赴国难，在上位的人能够体恤百姓的忧患，这样国家才能平安无事。现在我不去齐国，就不叫急国家之所急了。"

臧文仲忠君尊君，同时又认为君主应该具有美好的德行，主张君主应以德治民。鲁文公五年（公元前622年）秋天，楚将成大心与仲归率领军队灭亡了六国，冬天，楚公子燮灭亡蓼国。臧文仲听到六国与蓼国都灭亡了，深有感触地说："六国与蓼国灭亡，他们的祖先皋陶庭坚转眼间就没人祭祀了。他们的国君不建立德行，危难的时候，百姓也就没人尽忠效力。多么令人伤心的事情啊！"在臧文仲看来，要做到使民心无违，就必须"在位者恤民之患"，实行德治。只有国君崇德修德，才能使国家没有怨恨和敌对者。这与后来孔子所说的"为政以德，譬如北辰，居其所而众星共之"，思想是完全一致的。

臧文仲生活的时代，崇德是社会上的共识。一般人要名垂青史，就要修德。"大上有立德"，而统治者为政以德尤其重要，"大上以德抚民，其次亲亲，以相及也"。臧文仲也是这样看的，他劝僖公解救卫成公就是为了亲近诸侯，为民作出表率，这自然是另一种形式的"以德抚民"。僖公二十年（公元前640年），宋襄公欲合诸侯，臧文仲评论说："以欲从人，则可；以人从欲，鲜济。"就是说推己之所欲以从人，使人同得所欲是可以的，但强迫他人以逞一己之欲是很难成功的。所以，推己及人，以德为标准支配自己的政治行为十分重要。臧文仲的这一说法很有代表性，后来，郑国的子产说："求逞于人，不可；与人同欲，尽济。"二人的话如出一辙。孔子所说的"己欲立而立人，己欲达而达人"，"己所不欲，勿施于人"，显然也与臧文仲的思想是相通的。

臧文仲勤于政事，也有尚贤风尚。僖公三十一年（公元前629年），"晋文公解曹地以分诸侯"，僖公派臧文仲前往受地。途中，臧文仲在重馆歇息，重馆人对他说："晋君刚刚开始称霸，想稳定诸侯，所以分解不顺服的曹国的土地给诸侯，诸侯哪有不想亲近晋国以分得土地的，这样势必都争先恐后地赶往晋国，晋国一定会亲近去得最早的诸侯，您怎能不快点去呢？鲁国在姬姓诸侯国中班次居长，如果去得又最早，诸侯谁还能比得上鲁国，鲁国一定会多分得土地。"臧文仲听了这话，觉得非常有道理，就听从了重馆人的话，日夜兼程，首先赶到晋国，果然讨得晋人的欢心，分得了济水以西的大片土地，鲁国得到的土地比其他诸侯国都要多。事后，臧文仲并不掩人之功，而是如实向僖公汇报说："得到的土地多，是重馆人的功劳。"并积极为重馆人请赏，说："做了好事，虽然他的地位低贱，也应该进行奖赏，现在重馆人一句话就开辟了国土，他的功劳是很大的。请奖赏他！"于是僖公赐重馆人为大夫。重馆人由贱隶升为大夫，地位发生了根本的变化。

　　臧文仲有丰富的从政经验，他明白迷信鬼神无用，唯有得到"民"（即"国人"）的拥护，贵族统治才能很好地生存与发展。作为贵族中的开明分子，虽然臧文仲也主张用刑罚"威民"，但是他更看重的是以德"训民"和在位者"恤民"。臧文仲已经充分认识到"民"的重要性。鲁僖公二十一年（公元前639年）夏天，鲁国大旱，僖公要烧死巫师和尪者。当时的风俗认为巫师祈雨，天旱不雨就是他们失职。而尪者是仰面突胸的畸形人，时人以为上天哀怜他们，怕雨水灌到他们的鼻子里，所以久旱不雨。臧文仲进谏僖公说："烧死他们并不是防备旱灾的办法。我们现在应该做的是修理城郭，在民艰于食的情况下，稍给民食。再降低饮食标准，节省开支，致力于农事，使农业不因天旱而荒废，劝人分财施舍，这才不失为救荒之策。巫师和尪者能起什么作用？上天如果要杀死他们，那么不如不要生下他们，如果他们能导致旱灾，烧死他们只会加剧旱情。"臧文仲这一番重民务实的言论打动了僖公，僖公按照他的方法去做了，果然，这一年虽然有饥荒，却没有伤害人民。

　　臧文仲历仕庄、闵、僖、文四朝，卒于鲁文公十年（图83）。对鲁国的政治、思想影响很大，鲁人对他充满了爱戴与感激。他去世六十八年后，鲁国的执政卿叔仲穆子在回答范宣子问话时高度评价了他。襄公二十四年，穆叔去晋国，晋国的执政卿范宣子问他何为"死而不朽"，并夸耀自己的家族从虞舜到周朝赫赫扬扬，没有中断过，这就是"死而不朽"。穆叔反驳说："你所说的情况叫世禄，保持世禄的家族哪国都有，根本不叫不朽。我们鲁国有先大夫臧文仲，死了

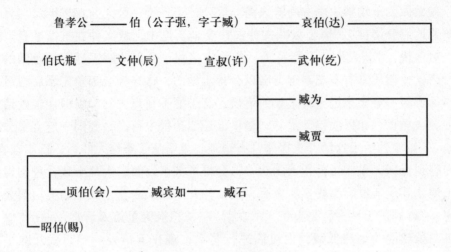

图83 臧孙氏世系示意图

以后，他的言论代代流传，这种情况才是真正的不朽。我听说，最上等的是树立德行，次一等的是建立功业，再次一等的是树立言论，虽然死去很久了，但是这些人创造的业绩言论却长留人间，造福后世，这种人才叫做'死而不朽'。"确实如此，臧文仲以"立言"成就自己"不朽"的美名，其言其行对后世影响很大。已故著名史学家童书业先生称臧文仲是春秋时期的"学人"，贵族阶级中的"学者"，并把他与郑国的子产相提并论，称他是"不世出的圣贤"。

（二）恺悌君子柳下惠

柳下惠，又称柳下季，是鲁国春秋时期的大夫。姓展，名获，字禽，惠是他的谥号，季是他在兄弟们中的排行（图84）。出生于鲁国公族，始祖为孝公之子公子展，后世遂以展为氏，柳下惠就是孝公五世孙。有人说："展禽家有柳树，身有惠德，因号柳下惠。"也有人说柳下是他所居地名（据说在今山东新泰市宫里镇西柳村）（图85）。

柳下惠主要生活在僖公、文公时期，一生不得志，仅担任过士师的职位，士师即掌管刑狱的小官，级别不高。但是柳下惠却以知礼、秉礼著称于世，而且颇具儒家道德的理想形象，他的道德思想与鲁国的文化特质或内涵有很强的一致性。后人总结说："孝恭慈仁，约货亡怨，盖柳下惠之行也。"他的言行后来多次受到孔子、孟子的赞扬。也许正是因为如此，他成了后人心目中的道德典范，对后世产生了重要影响。清代学者甚至将他提到与孔子对等的地位，说："在鲁言鲁，前乎夫子而圣与仁，柳下惠一人而已。"

在时人眼里，柳下惠熟谙礼仪，善于以礼服人，而且非常有文采。

鲁僖公二十六年（公元前634年），齐孝公伐鲁，当时鲁国势弱，又逢旱灾，无力抗敌。臧文仲想用文辞劝说齐国退兵，但是苦于无辞，便请教柳下惠。柳下惠回答说："身为大国就要教导小国，身为小国就要事奉大国，这样才能制止祸乱，从来没听说用文辞制止祸乱的。如果是小国而自高自大，不能事奉大国，而激怒大国，这是自己把祸乱加在自己头上，文辞又能起到什么作用？"臧文仲想用财货贿赂齐侯，柳下惠则坚持以礼服齐，最后派自己的族弟展喜带

图84　柳下惠像

着一点薄礼，前往齐营，并教导他如何以礼答对齐侯。齐侯得意洋洋地问道："我们大军所向无敌，已来到鲁国边境，鲁国害怕了吧？"展喜答道："小人诚惶诚恐，君子则安然无惧。"齐侯轻蔑地说："鲁国势如悬磬，国内府库空空，田地里旱的连青草都不长，倚仗什么不害怕？"展喜答道："全靠先王的福分。当初，成王封我先君周公与齐国先君太公说：'你们是周王室的股肱之臣，辅佐先王一统天下。现在赐给你们土地，各自建立国家，共同藩屏周室。'并使之结下盟约：'子孙后代，勿相侵害。'盟誓的条文如今还珍藏在盟府，而您却屈驾来我国。我想，桓公纠合诸侯，排难解纷，正是履行自己的职责，您也只是讨伐我国的罪过而已，必然不会灭亡我们的国家，您怎么会丢弃先王的命令？如果您丢弃了先王的命令，又何以镇抚诸侯？所以我国的君子对您的来访一点也不害怕。"这一番合于礼法的话语打动了齐孝公，齐国退兵。

当时，有一种叫做"爰居"的大海鸟停在鲁国东门外三天不飞走，鲁人以为神奇，臧文仲派国人进行祭祀。柳下惠根据先代圣王制祀的原则，批评臧文仲的

图 85　山东新泰柳下惠墓

做法，说："圣王规定的祭祀对象，必须符合下列条件：或者将礼法留给人民；或者以死尽力王事；或者以辛劳安定国家；或者为国抵御天灾；或者为邦国解除重大祸患。除了这五种有功于民的人外，其余都不得进行祭祀，海鸟爰居对鲁人无恩无功，是异类，根本不配人们祭祀它。臧孙氏，您这样做算不上'仁'，也算不上'智'，这是迂阔而不知政要的表现。海鸟之所以来陆地，大概是因为今年海上有什么灾害吧？鸟兽都有感知自然灾害的本领，所以飞到陆地上躲避。"果然那年天气异常，海上多刮大风，冬季温暖。臧文仲认识到自己的错误，虚心接受了柳下惠的批评，认为柳下惠的教导必须谨记在心，并记述在简书上。

　　柳下惠与臧文仲同时为官于鲁，柳下惠为士师时，臧文仲大概是司寇，柳下惠正是臧文仲的下属，孔子等人曾把柳下惠居于下位而未得升迁归罪于臧文仲，他们二人在思想上确有一定的差异。臧文仲虽然保留了周人的传统思想观念，却在此基础上有了显著的进步，已不再像周人那样拘泥于礼，而柳下惠却严格遵从周代的传统礼制，与臧文仲的开明形象形成了明显对照。虽然两人思想相互抵牾，但是臧文仲对柳下惠还是非常尊重的，从上面的故事也能看得出来。

　　鲁文公二年，宗伯夏父弗忌将僖公的享祀之位升到闵公的上面，本来，闵公继承君位在僖公之前，按照传统的昭穆制度，应该是先闵公后僖公，可是文公是僖公的儿子，夏父弗忌为了取悦文公，就将享祀之位颠倒了。柳下惠评价道："夏父弗忌一定会有灾难发生。按照昭穆的顺序祭祀是礼法规定的，违背了这种规定，就会有不祥的事情发生，用逆祀来教导百姓是不吉祥的，改变神主的位次是不吉祥的，没有圣明到应该格外突出的地步而把他的享位次序升高也是不吉祥的，夏父弗忌的这种做法既违背了'人道'，又违背了'鬼道'，他怎么能没有灾难发生呢？"果然，夏父弗忌死了以后，在安葬的时候，熊熊大火焚烧了他的棺椁，浓浓烟雾直达青天。

在时人的眼里，柳下惠也是诚实守信的代表。他诚实讲信用，声名远播，连齐人都对他十分信任。

《新序》与《吕氏春秋》都记载了一个柳下惠的小故事：齐国攻打鲁国，要求得到鲁国的国宝岑鼎，鲁君舍不得，就送给齐君别的鼎。齐君不相信退还给鲁国，派使者对鲁君说："柳下惠如果认为这是真的岑鼎，我们就相信。"鲁君请求柳下惠代为证明，柳下惠回答说："您送给齐国岑鼎是想保全您的国家，而臣下我也有国在我心里，那就是信用，怎么能破臣的国而免您的国呢？这是臣下我很难做到的。"鲁君听了醒悟过来，就派人给齐君送上真的岑鼎。

柳下惠名扬后世还有一个重要原因，这便是他"坐怀不乱"的故事。这个故事是这样的：冬天严寒的一夜，柳下惠寄宿在郭门，有一个女子来到这里，要求暂借一宿。而天气严寒，住宿的地方简陋又没有卧具，因恐怕那女子被冻死，柳下惠便让那女子坐在自己怀中，到东方破晓，柳下惠也没有做出出格的事情来，国人对此也没有什么非议。"坐怀不乱的柳下惠"从此成为标准正派男子的代名词。

但是，事实上他可能并没有这个被人视为千古美谈的经历。只是由于柳下惠人品高洁，行为端正，人们把他的点点滴滴扩大而编成这个故事。

真实的事情是这样的：孔子弟子子夏家贫穷，子夏穿的衣服短得就像吊起的鹌鹑一样，别人问他既然这么穷，为什么不去出仕，子夏回答说："柳下惠穿的衣服也破烂不堪，与守城门的人一样，当时的人却不因此而怀疑他的品行。"此外，柳下惠在仕途上受到压抑时，别人劝他说："当权者无道，世道混乱，你为什么不离开鲁国呢？"他回答说："他是他，我是我，即使他在我身边赤身裸体，又怎能玷污我呢？"后人就以这两个故事为基础，并添加别的情节，逐渐形成了柳下惠"坐怀不乱"的故事。虽然如此，人们以柳下惠为主人公编造"坐怀不乱"的故事说明人们对他人格的信任与景仰。

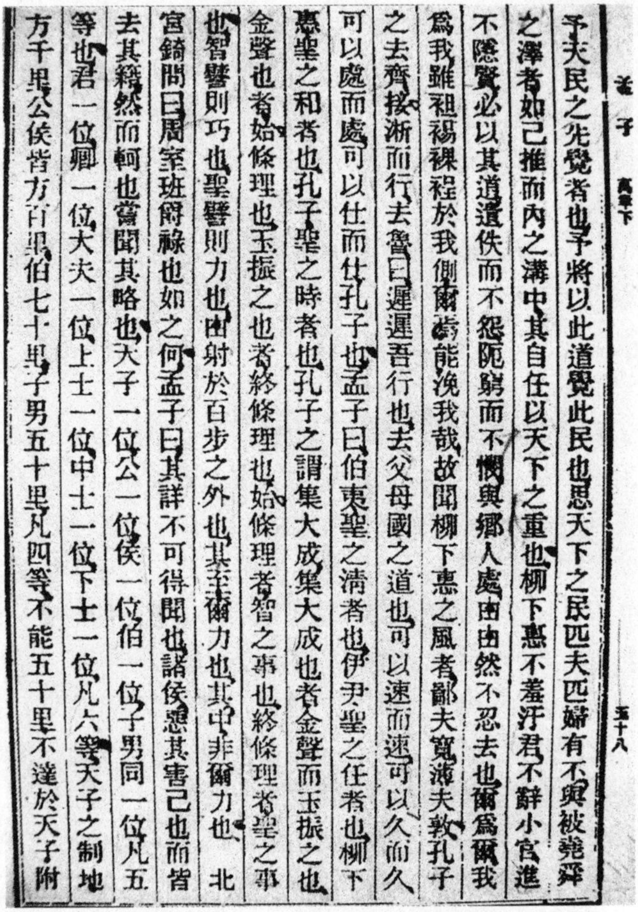

予天民之先覺者也予將以此道覺此民也思天下之民匹夫匹婦有不與被堯舜之澤者如己推而內之溝中其自任以天下之重也柳下惠不羞汙君不辭小官進不隱賢必以其道遺佚而不怨阨窮而不憫與鄉人處由由然不忍去也爾為爾我為我雖袒裼裸裎於我側爾焉能浼我哉故聞柳下惠之風者鄙夫寬薄夫敦孔子之去齊接淅而行去魯曰遲遲吾行也去父母國之道也可以速而速可以久而久可以處而處可以仕而仕孔子也孟子曰伯夷聖之清者也伊尹聖之任者也柳下惠聖之和者也孔子聖之時者也孔子之謂集大成集大成也者金聲而玉振之也金聲也者始條理也玉振之也者終條理也始條理者智之事也終條理者聖之事也智譬則巧也聖譬則力也由射於百步之外也其至爾力也其中非爾力也北宮錡問曰周室班爵祿也如之何孟子曰其詳不可得聞也諸侯惡其害己也而皆去其籍然而軻也嘗聞其略也天子一位公一位侯一位伯一位子男同一位凡五等也君一位卿一位大夫一位上士一位中士一位下士一位凡六等天子之制地方千里公侯皆方百里伯七十里子男五十里凡四等不能五十里不達於天子附

图86 《孟子》评价柳下惠"圣之和者"书影

孔子评价柳下惠说："降志辱身矣，言中伦，行中虑。"柳下惠仕途不顺，官卑职微，可是他却时时为百姓忧虑，并在自己的权限里设法解除他们的危难，并没有一味的避世隐居。确实，他是降低了自己的意志，屈辱自己的身份，但是，他却言论合乎法度，行为经过思虑，毫不背离自己的原则。在时人眼里，柳下惠是重视操守，恪守直道的。用孟子的话来说，就是"不以三公易其介"，即使三公的荣显之位也不能移易他的操守。所以不论是臧文仲"祀爰居"，还是夏父弗忌"逆祀"，他都正言抨击，而不考虑自己身为臧文仲的下属和夏父弗忌是掌管国家祭祀之礼的宗伯。当他多次受到压抑，有人劝他离开鲁国时，他说："恪守直道，到哪里去都受压抑，都会多次被撤职，而背离正道，就是不离开自己的国家也会受到重用，但是又怎能背离正道呢？既然不能背离正道，又何必离开生养自己的故土呢？"从柳下惠的回答看，虽然说话的语气雍容，和悦可见，但是心中的志向却丝毫不可动摇。

正是由于柳下惠不因官职微小而厌世辞官，不因受到压抑而改变操守，身在朝廷不隐藏自己的才能，但是也不夸耀，而是按照自己的原则行事；被遗弃了，也不怨恨，身家穷困，也不忧愁，与乡下人和悦地相处而不离去；他的风节影响所及，可以使胸襟狭隘的人变得宽阔，刻薄的人变得厚道，所以孟子称赞柳下惠为"百世之师"，是"圣之和者也"。在后人的心目中，他成了一位以"和"知名于世的贤人，所以被称为"和圣"（图86）。

柳下惠死后，门生们准备为他撰写悼词，柳下惠的妻子说："想要追述夫子的德行吗？那你们都不如我了解他。"于是亲自执笔，写道："夫子不自我夸耀，但是也不隐藏自己的才能，诚实讲信用，对人从不怀贼心，屈身和柔从俗行，不避世以显自己的纯清，蒙受耻辱以救民，品德高尚人人赞，虽然多次遭贬退，但是仍未放弃心中志。和悦平易好君子，永能自励向前行。呜呼哀哉我夫子，停止呼吸离人世，如果要定他的谥，最合适的是惠字。"门生们认为写得很好，就以这些话为悼词，一个字也没改变，并且定下谥号为"惠"字。柳下惠的妻子称他"信诚而与人无害"，为"恺悌君子"，可以说是非常准确的。《列女传》称赞柳下惠妻贤明而有文采，盛赞她能够牢记丈夫的德行，并使其发扬光大。

（三）社稷之臣季文子

季文子即季孙行父，"文"是谥号。他是鲁桓公的儿子季友的孙子，父亲仲无佚没有什么作为，使季氏家族在季友死后，一度在政治上默默无闻，但是季文子却具有从政的天赋，使自己的家族势力稳步增长，他历仕文公、宣公、成公、襄公四代，执政三十三年，季孙氏后来在鲁国的强势正是在这一时期打下基础的（图87）。

季文子知识通达，臧否人事，每每会被他言中。处理政事井井有条，有理有据。行事以谨小慎微著称，凡事总要三思而后行。作为鲁国一代重臣，他自文公六年起多次出使列国，参加盟会。他忠心耿耿，戮力公事，不贪眼前利益，对于事君之道，用人之道，盟主之道，小国事大国之道等等的见识都极为高明。

文公六年，季文子将去晋国聘问，在准备了聘礼之后，又派人求取遇到丧事所应备的物品。手下不明白，问："晋国现在没有什么丧事，您准备用在什么地

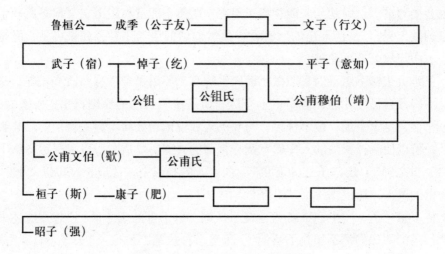

图 87　季孙氏世系示意图

方？"文子回答说："对有可能发生的事情有备无患，这是古人的好教训。万一临事需要而没有，那就难办了。备而不用又有什么害处？"果不其然，季文子逗留晋国期间，晋襄公去世，由于季文子事先有准备，没有措手不及，而是从从容容，一切依礼而行，受到广泛赞扬。

文公十五年，弑君自立的齐懿公侵袭鲁国西部边境，并攻打曹国，讨伐曹文公来我国朝见的事。季文子对齐懿公的举动不以为然，认为不会造成危害，说："齐懿公恐怕不能免于祸难吧！自己行事无礼，而去讨伐有礼的人，说：'你为什么要做有礼的事！'礼是用来顺服上天的，表现的是上天的规律。自己违反上天行事，反而因此讨伐别人，他难免有祸难了。《诗经》上说：'为何互相不畏惧，甚至不知畏上天？'君子不虐待幼小的与卑贱的人，就是因为畏惧上天。《诗经·周颂》说：'畏惧上天的威力，所以能把福禄保全。'齐懿公不畏惧上天，能保得住什么？通过弑君取得君位，就算按照礼仪来保持它，还怕没有好结果，况且又多做不合礼仪的事，是不能得到善终的。"果然，三年后，齐人因懿公多行不义而杀掉了他。

文公十八年，莒国太子仆弑父而逃，携带着宝玉来到鲁国，把宝玉献给为父守丧的宣公。宣公命令给他一座城邑，说："今天一定要办好。"然而，季文子派遣司寇把太子仆驱逐出境，说："今天一定要执行。"宣公非常生气，问他原因，季文子派太史克回答说："先大夫臧文仲教导我侍奉君主的礼仪，说：'见到对他的君主有礼的人，侍奉他犹如孝子供养父母。见到对他的君主无礼的人，杀死他犹如鹰鹯追逐鸟雀。'我谨慎地奉行这一教导不敢有任何贬损。而且，先君周公说：'毁弃礼的法则就是贼，藏匿贼的就是窝主，偷窃财物的就是盗，偷盗宝器的就是奸。有窝主的名声，利用奸人偷盗的宝器，是大凶德，国有常刑，不得赦免，记载在《九刑》中，不能忘记。'我详细审察莒仆这个人，他没有任何地方可以取法。孝敬、忠信是吉德，盗贼、窝赃是凶德。莒仆这个人，用孝敬来衡量，他杀死了他的君父；用忠信来衡量，他偷窃了宝玉。所以说他这个人，就是盗贼；他的宝器，就是奸人的赃物。保护他而接受了他的宝玉，就是窝赃。用这种行为来训导人民，人民就昏乱，无所取法。所以我一定要把这个凶顽的坏人赶走，不能让他来危害我国。"宣公听后，良久地默默无语，明白了为君不能贪图贿赂，应该以礼法治国，应该崇尚忠信仁义。

成公四年的夏天，成公去晋国朝见晋景公，而晋景公对他不恭敬，季文子说："晋侯一定不能免于祸患。《诗经》上说：'处事警惕又警惕，天理昭昭不可欺，保全国运实在难！'晋侯的命运决定于诸侯，怎么能不警惕呢？"秋天，成公从晋国回国，想要向楚国请求和好而反叛晋国，季文子说："不行，晋国虽然无道，但不可以背叛。他国家大，臣子和睦，而且靠近我国，诸侯听从他命令，不能够背叛他。史佚的记载中有这样一句话，说：'非我族类，其心必异。'楚国虽然强大，但不是我们的同族，他怎么肯爱护我们呢？"于是，成公打消了叛晋的念头。

成公七年，春天，吴国攻打郯国，郯国与吴国讲和。季文子说："华夏各国不整顿军队，蛮夷打了进来，却没有人为此感到担忧，这是因为没有善人的缘故，《诗经》上说：'苍天不善，祸乱从来不曾停。'说的就是这种情况吧！有在诸侯之上的霸主却不善，还有谁不受到祸乱？我们离灭亡不远了！"他的这种谨慎戒亡的思想受到时人的赞扬，说："像他这样知道戒惧，这就不会被灭亡。"

襄公五年，季文子去世，根据大夫大殓的礼仪，鲁襄公亲自到位看视。家宰收集家中器具作为葬具。襄公发现他家非常节俭，竟然没有穿丝绸的小妾，没有以粮食喂养的马，没有收藏的铜器玉器，更没有重复的用具。

总体上来说，季文子是不求私积，忠心效力鲁国公室的，但是，他对鲁公室的"忠"是有一个自己的"私"在里面的。

文公去世时，本应该由文公太子恶即位，但是东门襄仲杀嫡立庶，立了宣公，季文子不但未曾阻止，反而助纣为虐，会见齐侯，进献礼物请求安排宣公与齐惠公相见，以巩固宣公的君位。不仅如此，十八年后，宣公死去，季文子知道东门襄仲不得人心，又出尔反尔，出卖了襄仲，并借机除掉了东门氏。所以说季文子正是利用了东门襄仲而逐渐发展起自己的势力，鲁国陪臣执国命，政权旁落就是从季文子开始的。他排除异己，不断培养自己的威信，成公六年，季文子由于鞌地战役的功勋建筑武宫，表彰自己的武功；襄公二年，成公夫人齐姜去世，季文子夺成公母亲穆姜的内棺与颂琴来安葬齐姜，这是非常失礼的，究其原因可能是穆姜曾逼迫成公驱逐季孙氏与孟孙氏，季文子怀恨在心，而且时值穆姜被黜东宫，已无任何势力。襄公四年，襄公的生母定姒去世，季文子不以夫人之丧安葬，也就是说蔑视年幼的襄公，时年襄公八岁。

过去史家评价季文子说他生平对关于福祸利害的问题考虑太深，既有忠于国家、恪敬职守的一面，也有自私自利、排除异己的一面。他忠于国家，是因为他将自己的命运与国家的命运紧密地联系在一起；他自私自利是因为他说到底还是处心积虑发展自己的家族势力。季文子的事迹可以说是美恶两不相掩。作为鲁国史上叱咤风云的人物，季文子不失为一位优秀的政治家。

（四）识礼知事孟献子

孟献子，即仲孙蔑，鲁桓公的四代孙，穆伯仲孙敖的孙子，文伯穀的儿子（图88）。作为孟孙氏家族的继承人，他与叔孙侨如、季孙行父一样，都是鲁国掌握军政大权的重要人物。文献记载孟献子的事情很多，但是都极为简略，从简略的记载中，我们可以看出孟献子的水平、境界虽然不能与臧文仲、叔孙豹等人相提并论，但是不失为识礼、知事的人。

孟献子经常出使他国，参加盟会，因其知礼守礼，所到之处，受到广泛赞扬。

宣公九年、成公十三年，孟献子去聘问周天子，受到周天子的厚待。

成公十三年春天，晋厉公派郤锜来我国请求出兵攻打秦国，郤锜处理事务时不恭敬。孟献子说：“郤氏恐怕要灭亡了吧！礼，是身体的主干；敬是身体的基础。郤锜不敬，失去身体的基础了，而且他的父亲是先君的卿，他又是当今晋君的卿，接受国君的命令来请求我们出兵，打算以此保卫国家，但却懈怠，这是抛弃国君的命令。他怎么能不灭亡呢?”果然不出所料，四年后，郤氏一族被晋厉公所灭。

襄公三年，孟献子辅佐襄公与诸侯在长樗结盟，诸侯相见本不用叩头大礼，但是晋国强大，为取悦晋君，襄公行叩头大礼。晋卿知武子谦让，孟献子回答

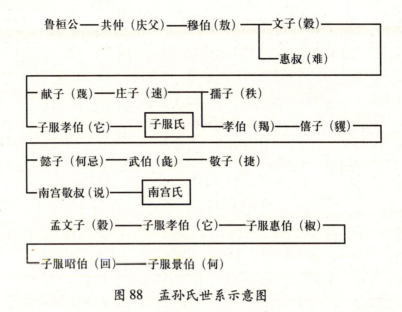

图88　孟孙氏世系示意图

说：“由于敝邑处在东海边上，紧靠仇敌（指的是齐国），寡君将要寄希望于贵君，怎么敢不叩头？”

襄公七年的夏四月，鲁国已经耕种完毕，又卜问郊祭是否吉利，这是不合礼的，孟献子说：“我从今以后才知道卜筮的灵验。郊祭，是祭祀后稷祈求农业丰收。因此蛰虫启动便进行郊祭，郊祭以后开始农耕。如今已经耕种完毕才为郊祭占卜，怪不得神灵不显示吉利。”

孟献子深知小国事大国之道，宣公十四年，对宣公讲述：“小国能够免于被大国怪罪，就是去聘问而献上礼物，如果等到大国责备您时再献上礼物就晚了。现在楚君在宋国，这预示着马上就有一场战争了，我们不能不提早准备。”宣公认为他说的非常有道理。

孟献子对当时频繁的战争、诸侯之间错综复杂的利害关系有清醒的认识，他的建议往往是正确的。襄公二年，诸侯为了对付亲楚的郑国，在戚地会盟，孟献子说：“请修筑虎牢的城墙来威逼郑国。”这一有长远战略目标的建议一提出，马上受到晋国执政卿知武子的高度赞扬，说：“好主意啊！滕、薛、小邾都没有到会，这是因为齐国的缘故，所以说寡君的忧患不仅仅是郑国，我们确实应该从长远看，以德服人。我立即禀报寡君，请求得到允许而通告各位修筑虎牢的时间，如果事情成功，这是您的功劳。您的请求是诸侯的福气，岂止我们寡君得益？”果然虎牢城墙修筑完毕，郑国人就与晋国讲和。

襄公四年，为减轻鲁国的贡赋负担，襄公请求把鄫国作为鲁国的属国，晋悼公不同意。孟献子说："我们的君主紧紧靠着仇敌之国齐国，却一心一意地事奉您，完全执行您的命令。鄫国又不向您交纳任何贡赋，把它赐给我们对您没有丝毫的损失。而您的左右不断地向敝邦索求，敝邦褊窄狭小，所产物品不多，一旦交不上就是罪过，所以寡君迫切地想得到鄫国以便帮助我们交纳贡赋。"晋悼公听了之后，点头不语，思量片刻，最后答应了鲁公的要求。

孟献子还知人善任，爱才若渴，以人才为宝。《国语》、《孟子》记载孟献子有"斗臣"乐正裘、牧仲等五人，孟献子对待他们如同朋友，开了后世养士的先河。

襄公十年，在诸侯攻打偪阳的战役中，孟氏的家臣秦堇父力大无比，用人力拉着辎重车到达战场。偪阳人把布从城上悬下来以挑逗攻城的人，秦堇父就拉着布登城，爬到靠近城垛的时候，城上的人把布割断。秦堇父跌下城来，守城的人又把布挂下来，秦堇父醒来后又爬上去，这样三次，守城人对此钦服，不再挂布。由于秦堇父的英勇表现，回国后，孟献子就以他为车右，以示奖励。

孟献子还以俭朴出名，担任执政时，"食不兼味，坐不重席，居不粟马，出不从车"。不仅如此，孟献子对子孙也是教导他们以俭朴为荣，当时他的儿子仲孙它年少爱奢华，劝说季文子应该华奢以使国家荣显。孟献子知道后就关了儿子七天禁闭，使他改奢从俭。

孟献子反对与民争利，认为治理国家不能以捞取财富为利益，应该以倡导仁义为利益。说："拥有四匹马拉车的大夫，就不应该再去计较那些养鸡养猪之类的琐事；能够享用凿冰丧祭的卿大夫，就不应该收养只会聚敛民财的家臣，与其有这种聚敛民财的家臣，还不如有那种盗窃府库财物的臣子。"

（五）忠信贞义叔孙豹

叔孙豹，即叔孙穆子，也称穆叔。鲁桓公四代孙，叔孙得臣的儿子，叔孙侨如（宣伯）的弟弟（图89）。叔孙豹本来没有资格继承叔孙氏，但是他的哥哥宣伯欲去季氏、孟氏两家，成公十六年，向晋国进谗言，晋国扣押季文子，可是宣伯没有料到在子叔声伯的周旋下，晋国放回了季文子。季文子回国后，立即将宣伯逐出鲁国，于是将长期居住在齐国的叔孙豹召回，立为叔孙氏的继承人。叔孙豹人品高洁，非常人所能及，文献中几乎将他当作圣贤一类的模范来写。

在孟孙、叔孙、季孙三家之间，逐渐形成了政权的分工，即叔出外季守内。

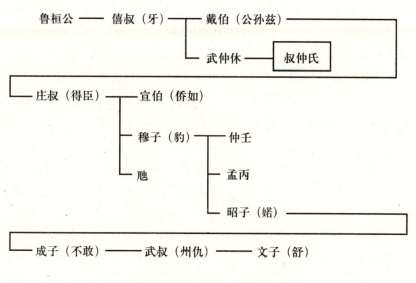

图89　叔孙氏世系示意图

叔孙氏经常风尘仆仆来往于各国，叔孙豹在外交方面表现非常出色，既极善辞令又刚正不阿，既深懂外交礼仪又不失使臣尊严，堪称一代风范。

襄公四年，叔孙豹去晋国，回报知武子的聘问，晋悼公设享礼招待他。乐工吹奏《肆夏》前三曲，他没有答拜。又演唱《大雅·文王之什》的前三篇，他也没答拜，最后歌唱《小雅·鹿鸣之什》的前三篇，他三次答拜。前两种是意义重大的音乐，而最后演唱的是细小的音乐，为什么叔孙豹舍弃重大的音乐不理，而再三答拜细小的乐歌呢？晋君非常好奇，派人询问原因，叔孙豹回答说："《肆夏》三曲，是天子用来燕享诸侯首领的，使臣我不敢听赏。《文王》三篇，是两国国君相见时的乐歌，使臣我也不敢参与。而《鹿鸣之什》三篇，却篇篇隐含着贵国国君对我们的良好祝愿。《鹿鸣》，是国君用来称赞嘉奖寡君的，我怎么敢不拜谢？《四牡》，是君王用来慰劳使臣的，我怎么敢不再次下拜？《皇皇者华》，是君王教导使臣说：'一定要向忠信的人咨询。'臣下我听说：'向善人访求询问叫咨；咨询亲戚的事情叫询；咨询礼仪叫度；咨询政事叫诹；咨询困难叫谋。'臣下我得到了五善，怎么敢不再次深深地拜谢？"叔孙豹的回答令晋君心悦诚服，叔孙豹对《诗经》，对礼仪的熟悉程度令他大开眼界。鲁国有如此明于礼仪的使臣，这就大大提高了鲁国的国际地位。

叔孙豹善于以诗言志，以诗说服对方，言辞恰切而婉转，每次都能出色地完成外交使命。襄公十四年，晋国率诸侯伐秦，到达泾水，军队不肯渡河，叔孙豹与晋国贤臣叔向相见，叔孙豹赋《匏有苦叶》。叔向会意，退出后就准备渡船，结果鲁人最先渡河，显示了对盟主晋国的忠诚。襄公十六年，叔孙豹去晋国聘问，同时因齐国来侵的事向晋乞师，晋人以国家有事回绝了，叔孙豹说："由于齐人随时在对我们发泄愤恨，所以才来郑重求援。敝邦的危急，朝不保夕，大伙儿都伸长脖子朝西望，幻想着晋军差不多该到了吧！如果等到执事有空，恐怕来不及了！"然后，叔孙豹又去见晋国执政卿荀偃，赋了一首诗《圻父》。荀偃明白，说："我知道罪过了！岂敢不追随执事一起为国家担忧，而让鲁国到了这种地步。"他又去见士匄，赋了《鸿雁》的最后一章。士匄也明白，说："我在这里，岂敢让鲁国不安宁？"后来，晋平公率领诸侯围齐，大败齐灵公。襄公十九年，齐国与晋国讲和结盟，叔孙豹进见叔向，赋《载驰》的第四章，意思是诸侯各有主张，晋国应该拿定主意，叔向答应如果事情有变化，会尽力说服晋君救援鲁国。对于齐国的暂时和平，叔孙豹明白绝对不能掉以轻心，于是回国后修筑靠近齐地的武城城墙，小心防备。襄公二十七年，齐国助崔杼弑君专政的庆封来鲁聘问，车华美而人不知礼，叔孙豹赋《相鼠》讥讽他，并预测庆封服美不称，一定不会善终。第二年，庆封因内乱出逃鲁国，叔孙豹又使乐工给他诵读《茅鸱》，庆封还是不觉。虽然庆封离开鲁国，逃到吴国后更加富裕，但是叔孙豹预测庆封将会遭到大的灾祸，果然，庆封后被灭族。昭公元年，叔孙豹陪赵文子进入郑国，郑简公准备设享礼宴请他们，郑卿子皮通告赵文子宴请的时间，文子没有明说自己的要求，但是赋《匏叶》一诗，子皮回去问叔孙豹，叔孙豹明白，说："赵文子想简单点，只用一献就行了，您照办就是了。"但是子皮不敢，准备了五献，赵文子只好明说自己的意思，最后还是以一献完礼。

叔孙豹以国事为重，极力维护鲁国的尊严，人品高洁，思想意识水平很高，非一般人所能及。襄公二十四年，他论述"三不朽"可以说是见识极深，青史留名。这一年，他去晋国，执政卿范宣子向他请教何为"死而不朽"，并借机炫耀自己的家族史，认为自己的范氏家族从虞舜到周朝赫赫扬扬，没有中断过，这就是"死而不朽"。叔孙豹非常有礼貌地说："根据我所听说的，您所说的情况叫世禄，不叫不朽。我们鲁国有先大夫臧文仲，死了以后，他的言论代代流传，这种情况大概就是所谓的不朽了吧？我听说，最上等的是树立德行，次一等的是建立功业，再次一等的是树立言论，虽然死去很久了，但是这些人创造的业绩言论却长留人间，造福后世，这种人才叫做'死而不朽'。保持世禄的家族哪国都有，就是禄位中大的，也不能够称作不朽。"（图90）同年，他去周聘问，同时祝贺郑地的城墙竣工，言语谦恭，礼仪周到，周灵王对此格外欣赏，赐给他一种叫做

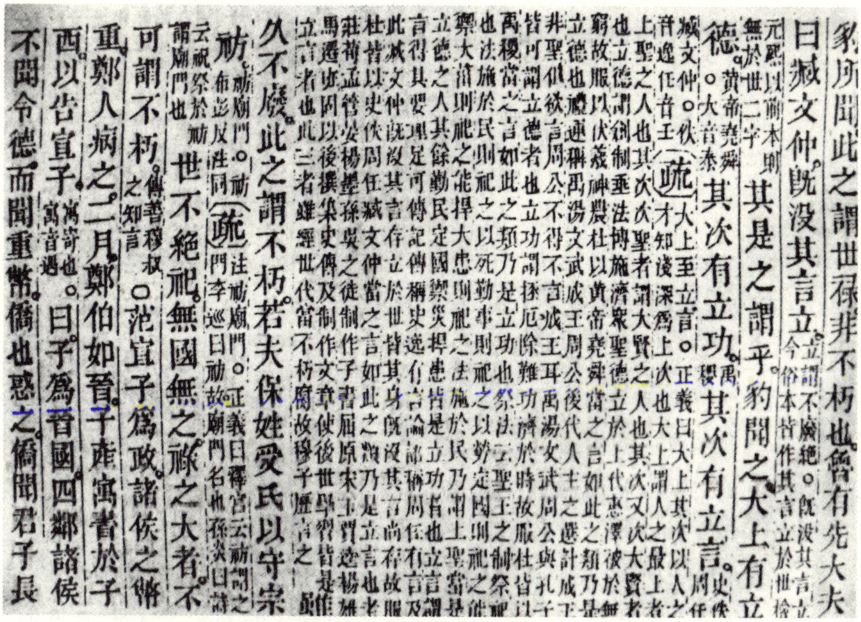

豹所聞此之謂世祿非不朽也。魯有先大夫
曰臧文仲。既沒其言立。
其是之謂乎。豹聞之大上有立
德。其次有立功。其次有立言。
久不廢。此之謂不朽。若夫保姓受氏以守宗
祊。世不絕祀。無國無之祿之大者。不
可謂不朽。范宣子爲政。諸侯之幣
重。鄭人病之。二月。鄭伯如晉。子產寓書於子
西以告宣子。曰子爲晉國。四鄰諸侯
不聞令德而聞重幣。僑也惑之。僑聞君子長

图 90 《左传》叔孙豹论“三不朽”的记载

大路的车子以示表彰。

襄公二十九年，襄公为朝见楚康王而滞留在楚国，正碰上楚康王去世，楚人让襄公亲自为死者穿衣服，而为死者穿衣是使臣吊临国君丧事的礼节，襄公为此感到非常尴尬。叔孙豹出主意说：“您可以先举行为殡葬祓除不祥的祭祀，然后再给死者穿衣服，这就等于朝聘时送礼物。”用巫师祓除不祥是君临臣丧的礼节。襄公恍然大悟，于是让巫师先用桃木棒与笤帚祓除不祥，然后为康王穿衣。楚国人明白过来后，非常后悔。正是由于叔孙豹深谙礼仪、足智多谋才使襄公免受强楚的羞辱。

昭公元年，叔孙豹与十国诸侯在虢地（今河南郑州市北）相会，季武子（季孙宿）却率军攻打莒国，占领了郓邑。莒国人到盟会现场来控告鲁国。楚国提议晋国要严惩亵渎盟誓的鲁国，要求杀掉鲁国使臣叔孙豹。叔孙豹命在旦夕。晋君宠臣乐王鲋辅佐赵文子代表晋国参加盟会，乐王鲋想向叔孙豹索要财物以此为条件为他说情，但是又不好意思明说，因此派了使者向叔孙豹请求要他的带子。叔孙豹不给他。他的手下不明白，劝他说：“请您不要爱惜财物，生命才是最重要的。”叔孙豹听了长叹一声，说：“我哪里是吝啬财物！诸侯之间会见，是为了保卫国家。如果我通过贿赂免除了祸难，鲁国就一定会受到诸侯军队的攻打。既然这样做会使国家遭殃，又说什么保卫国家呢？人民之所以要有围墙，是为了阻挡坏人的入侵。墙有缝隙损坏，这是谁的罪责？为了保卫国家却又使国家遭到攻击，我的罪就更大了。虽然我应当怨恨季氏，但是鲁国有什么罪？叔孙出使，季孙守国已经有很长时间了，我又能怨恨谁？"叔孙豹为了不给诸侯攻打鲁国的口实，坚持不贿赂乐王鲋，但是考虑到乐王鲋贪图财货，一次不给他，恐怕不死心，于是从身上正穿着的衣服上撕下一块绸帛给了乐王鲋的使者，并且彬彬有礼地说："带子恐怕太狭窄了。"叔孙豹高瞻远瞩、临死不屈，以抗强晋、强楚的命令，感人至上。

赵文子听说后，感动地说："面对祸患不忘记国家，这是忠；考虑到危难而不放弃职守，这是信；为国家打算而不怕死，这是贞；策谋事情以以上三点作为主体，这是义。一个人具有这四项优点，怎么可以杀死他呢？"于是坚决向楚国请求，赦免了叔孙豹。

叔孙豹具有敏锐的政治头脑与观察力，襄公三十一年，他从澶渊会议回国，根据在会见中诸侯的表现，他感觉到晋国政局会有大的变化，于是去见孟孝伯，说："赵文子快要死了，他的话苟且偷安，不像主持国政的人。而且年龄不满五十，却唠唠叨叨像个八九十岁的老人一样，他活不长了。如果赵文子去世，担任晋国执政的恐怕是韩起，这个人可以及早与他交好，他是个君子。晋国局势复杂，国君将要失去政权，如果不早点与韩起交好，让他早些为鲁国考虑，到晚些时候，政权落在大夫们手中，韩起性格懦弱，大夫们又多贪婪，要求与欲望没有满足的时候，齐国与楚国又靠不住，鲁国恐怕要危险了！"但是孟孙与季孙皆没有意识到问题的严重性，没有采纳叔孙豹的建议。到了赵文子去世，韩起任执政，晋公室地位卑下，政权落在奢侈的大夫手中。鲁国难以负担晋国的要求，一时间非常被动。

襄公去世时，季武子立了襄公的庶子公子裯为君，即鲁昭公。叔孙豹看到公子裯在居丧期间面有喜色，一点也不悲伤，认为此人不孝，而不孝的人很少不造成祸患的，从而推断若立了他，一定会给季氏带来忧患。季武子不听，最终立了昭公。而后来昭公与季氏斗争白热化，昭公驱逐季氏不成，最后出逃，死在了国外。

叔孙豹对鲁国公室的鞠躬尽瘁，与季氏的自私自利形成了鲜明的对比。可以说，叔孙氏因为在三桓中势力最薄，对鲁国公室较其他两家为近，叔孙豹对季氏削弱公室的做法多持抵制态度。襄公十一年，季武子打算组建三军，由三家负责。叔孙豹坚决反对，后来反抗不下去了，就要求季氏盟誓。最后盟于僖公庙门口，并在五父之衢（在今曲阜东南）诅咒。叔孙豹去世月余，季武子再次谋去中军，以卑弱公室，叔孙豹的家宰杜洩反对这样做，说："夫子正是因为不想撤销中军，所以在僖公庙门口盟誓，在五父之衢诅咒。"带领手下士民哭泣。杜洩安葬了叔孙豹即逃到国外，以防季氏的迫害。可见叔孙豹一直是季武子削弱公室的一大阻碍。

叔孙豹一生显赫，高寿七十余岁，由于他听信小臣竖牛的谗言，死后家乱，直到庶子叔仲婼逐走竖牛，叔孙氏才又安定下来。

（六）料事如神臧武仲

鲁国臧氏一族可以说是俊贤辈出，继臧文仲之后是他的儿子臧宣叔（许），臧宣叔刚毅正直，胸怀坦荡，是宣公、成公初年鲁国的一大诤臣。成公四年，臧孙许去世，他的幼子臧武仲做了他的继承人。

臧武仲，名纥。臧孙纥继承了臧氏家族的优良传统，为人正直，不阿谀奉承，知书识礼，料事如神，堪称一代典范。

成公十八年，晋国士鲂来鲁国请求出兵伐楚以救援宋国，季文子不知道依礼该出多少数量的军队，询问臧武仲，臧武仲说："攻打郑国的战役，是知伯来求出兵，他是下军辅佐，出兵数与攻打郑国时相同就行了。事奉大国，不要搞乱来使的爵位次序，同时加等对待，这才是合于礼的。"季文子听从了他的建议。

襄公四年，因为陈国背叛楚国而亲近晋国，楚国准备讨伐它，突然间陈成公去世，听到陈国有丧事，楚国停止了军事行动。但是陈国依然不听从楚国的命令。臧武仲听说后，认为楚国作为一个大国，尚且按照礼仪规定行事，遇陈国国丧而停止进攻，陈国作为一个小国却对紧邻的大国楚国无礼，陈国一定会灭亡。果然陈国因为对楚国反复无常，最终被楚所灭，灭而后封，封而又灭。

正是因为臧武仲料事如神，时人对他的话非常重视，当成预言一样看待。襄公十四年，臧武仲奉命慰问出逃在外的卫献公，在交谈的过程中，卫献公态度恶劣，毫无改过自新的意思，臧武仲退出后对他的部下说："卫侯恐怕不能回国了！他的话是粪土，毫无用处，逃亡在外仍不悔改，怎么能回国复位呢？"跟随卫献公逃亡的子鲜、子展听说后，大为惊惧，连忙进见臧武仲，与他交谈，态度谦恭，理顺辞达。臧武仲很高兴，对他的属下说："看来卫侯一定能回国，这两个人，一个拉他，一个推他，要想不回国，行吗？"后来在子鲜、子展的大力活动下，卫献公回国。

襄公十八年，齐灵公攻打鲁国，后来晋平公率领诸侯军队一起围齐，取得了胜利。襄公十九年，季武子把从齐国缴获的兵器制作了林钟，刻上铭文记述鲁国的功劳。臧武仲认为这是不合于礼的，便对季武子直言相劝，说："铭文不是乱刻的，天子用来记载德行，诸侯用来记载合于时令的举措和建立的功劳，大夫用来记载征伐。如今，如果说是记载征伐，那就次了一等了；如果说是记载功劳，我们是凭借别人的力量取胜的；如果说是记载举动合于时令，我们这一战对人民的妨碍太多了。再说大国攻打小国，把缴获的兵器制作彝器，铭刻上功劳用来告诉子孙后代，这是为了显扬美好的德行而惩戒无礼。如今借别人的力量来挽救自己的灭亡，却宣扬自己的战利品以激怒对方，这是亡国之道啊！"我们可以看出臧武仲的认识是多么深刻！当时的鲁国已经积贫积弱，时时要借助外力才能抗齐，要维护国家的和平，确实不能炫耀自己的武功，要事事谨慎才能免于祸难。

襄公二十一年，邾国大夫庶其带着邾国二地逃来鲁国，季武子把襄公的姑妈嫁给他，还对他的随从都进行赏赐。这时候，鲁国盗贼很多，季武子要臧武仲捕治盗贼，臧武仲回答说盗贼不可捕治，也没能力捕治。季武子怒，说道："你是司寇，捕治盗贼是你的职责，为什么做不到？"武仲说："你招来外国的盗贼而大大给予礼遇，我怎么能禁止国内的盗贼？你身为正卿而引来外国的盗贼，却让我来除掉，我如何能办得到？庶其在邾国偷盗了城邑来我国，你对他以及他的随从都有赏赐。对大盗，你给他国君的姑妈以及大城邑作为优礼；次一等的给予奴隶牛马；再次一等的给予衣裳剑带。你这是奖励盗贼。既然您已经奖赏了他们，再除掉他们恐怕有困难了。而且您是在上位的人，应该做人民的好榜样，应该洗涤自己的内心，至诚地对待别人，用一定的规范法度来表示诚信，用显明的行为作证，然后才可以治理人民。现在您自己违犯了，怎么要求民众做到诚信，不欺不盗呢？"臧武仲语言犀利，指出了季武子为政弊端，直刺他的痛处。也展现了臧武仲性格耿直的一面。

臧武仲因为料事如神，在当时人们心目中就已经享有极高的地位。当时就被人喻为"圣人"。

襄公二十二年春天，臧武仲出使晋国，天下着大雨，他顺道去看御叔。御叔在他的封邑里，正准备饮酒，听到臧武仲来访，说："要这个所谓的圣人来干吗？我准备饮酒，而他却冒着雨赶路，要聪明有什么用？"看来，当时人们已经普遍地承认臧武仲聪明，知识通达，为"圣人"。甚至，人们把他的话当作经典对待。昭公七年，昭公从楚国回国，孟僖子因为自己不能相礼而羞愧，于是积极学礼。到他将去世时，召集手下大夫们，说："臧孙纥有句话说：'圣人中具有完美的德行的，如果不做国君，他的后代一定有闻名于世的人。'而孔丘正是圣人的后代，祖先可以做宋国国君而让位，臧孙纥的话恐怕要应验在孔丘身上吧！"嘱咐他们一定要把自己的两个儿子托付给孔子，向孔子学礼，因为他相信臧孙纥的话。

臧武仲因为性格耿直，与季氏、孟氏两家本来多有矛盾，后由于他处事直来直去，终于得罪于两家，出逃齐国。

原来，季武子欲废长立幼，求教于臧武仲，臧武仲出于义气，帮助他设宴，召集众位大夫参加，明确了季武子的幼子季悼子的嗣子地位，实现了季氏的心愿。但是由此种下祸根，后来在季武子的长子公钼和孟孝伯的挑拨下，季武子下令攻打臧氏家族。臧武仲慌忙斩断鹿门的门闩逃出城，前往邾国。可是他很痛心自己臧氏家族在鲁国的祭祀将要断绝，于是派人通知自己同父异母的哥哥臧贾，并且送上一只大乌龟，指导他用这只乌龟做礼物请求立为臧氏家族的继承人。为了帮助臧贾，臧武仲又到了自己的封邑防邑，派人向鲁君诚恳地请求，不要废弃祖父臧文仲、父亲臧宣叔的勋劳，同时愿意交出封邑。于是鲁国立了臧贾的同母弟弟臧为。

臧武仲后来逃亡齐国，听说齐庄公准备给他田邑，此时，臧武仲虽然新来齐国，但是已经看出齐庄公的危机，深知他昏庸无能，贪愎自用，必将被人谋害，不想得到他的赏赐以免受牵连，惹祸上身，于是他灵机一动，计上心来，连忙进见庄公。当时正值齐国攻打晋国，他故意惹怒庄公说："在攻打晋国的事上，您就好像老鼠一般，听到晋国发生动乱就攻打它，听到它安定下来就事奉它，这和昼伏夜动的老鼠是多么相像啊。"庄公很不高兴，就不给他田邑了。两年后，庄公被弑，受牵连的大臣很多，臧武仲却因为远离庄公而幸免于难。

也许孔子的评价是最恰当的。他说："要做个有智慧的人确实很难啊！像臧武仲这样有智慧，却不能被鲁国所容纳，是有原因的，因为他的所作所为与道理不合而且没有宽容之心。"在孔子眼里，臧武仲是智慧的代表，却不能容于鲁，他深以为恨。

然而，我们却不能把臧武仲被逐看做是他自己的罪过，就是季氏、孟氏也苦于无辞盟誓以戒所谓的"臧氏作乱"，只好归罪于他破坏门禁，砍断门闩。所以臧武仲被逐的真正原因是他性格刚正不阿，长期与季氏不和，得罪了季氏的缘故。也就是孔子所说的没有宽恕之心，即为人处世上没有做到"中庸"。我们应当承认臧武仲作为一代忠良，他的很多品格是难能可贵的。

（七）志气如虹叔孙婼

叔孙婼即叔孙昭子，是叔孙豹（穆叔）的庶子。叔孙豹晚年由于听信小臣竖牛的谗言，导致身死家乱，竖牛陷害了叔孙豹的两个嫡子孟丙和仲壬，立庶子婼为叔孙氏继承人。从昭公七年季武子去世，他开始为政于鲁国，到昭公二十五年卒，共在位十九年。他继承了父亲的优秀品质，刚毅正直，有极高的胆量，有超出常人的志气。

叔孙婼一即位就显示了他超出常人的见识。他召集家族的人朝见，当众宣读了竖牛杀嫡立庶，紊乱大节的罪过，然后命令赶快处死竖牛。竖牛惊慌失措，连忙逃往齐国，最后被留在齐国的孟丙、仲壬的儿子们杀死。叔孙氏的祸乱最终结束。孔子就曾赞扬叔孙婼以大局为重，不奖私劳，不因为竖牛立了自己就不惩罚他，这种品质是难能可贵的。

昭公九年，鲁国修筑郎囿，季平子想加快工程进度以便早日完工，叔孙婼劝阻他说："加快进度势必会扰民，民众将无法承受。没有园林还是可以的，没有民众能行吗？"

昭公十年，叔孙婼会合齐、宋、卫等十一个国家的大夫去晋国参加晋平公葬礼。有的国家设想安葬完晋平公后就接着拜见新立的晋昭公，因此还带了许多的礼物。当葬礼结束的时候，各国大夫就提出了这个要求，叔孙婼劝阻大家不要这么做，因为晋昭公当时正穿着丧服守丧，礼仪规定不会允许他接受朝贺的，但是各国大夫不听，结果被晋国婉言拒绝。不仅如此，凡是带来的贺礼不可避免地都用光了。而鲁国由于叔孙婼的明事知礼，没有出现这种劳民伤财的事情。

昭公十二年，此时的叔孙婼已是三命之卿，这是最高级别的卿了，季平子心怀不满，让他自己降低宠命。叔孙婼大义凛然地说："季孙氏有家祸，杀死嫡子立了庶子，所以我到了这个位置，当时如果因为祸乱而来讨伐，我就听从命令。现在由于国君的命令我成为三命之卿，这就是我本来的位置。谁都无权干涉。"于是他去朝堂，命令官吏说："我将要与季氏争讼，你记录讼辞时不要偏袒。"季平子一听非常害怕，连忙推卸责任，不再强求叔孙婼降低宠命。

叔孙婼对时局认识很深刻，当他看到晋国霸业衰微，齐国与晋国时战时和，晋昭公与齐景公无道，诸侯不知何去何从时，深感痛心地说："诸侯没有盟主，危害是很大的。这正如《诗经》上所说的，'周朝已经衰亡，要想栖身没地方，执政大臣都逃散，没人知道我操劳'。"

昭公十七年，发生日食，祝使请求颁发祭祀用的玉帛，叔孙婼帮助他请求说："发生日食，诸侯用玉帛祭祀社神，在朝廷上击鼓，这是礼制。"但是季平子不同意，叔孙婼退出朝堂后，说："季平子这个人将有不正常的念头，他不把国君当国君看待了。"

昭公十九年，看到楚国把在阴地的戎人迁徙到下阴，又让令尹子瑕修筑郏地的城墙，叔孙婼说："楚国的志向不在领导诸侯了！它只是在自我保护，以维持国家传宗接代而已。"昭公二十一年，根据蔡太子没有站在他的丧主位置，而是站在卑下的位置，叔孙婼说："蔡国恐怕要灭亡了吧！如果不灭亡，这个国君也一定做不长。蔡侯刚刚即位就懈怠，他自己将要跟着失去位子。"同年秋天，发生了日食，大夫叔辄为此痛哭流涕，叔孙婼说："叔辄快死了，哭不该哭的事情。"昭公二十五年，叔孙婼去宋国聘问，见右师乐大心桀骜不驯，推测乐大心将要被逐，说："他傲视自己国家的大夫，又不尊重自己的宗族，这不是有礼，而没有礼必定要被赶走。"

叔孙婼审察入微，目光如炬，预测时事，为人所重，以上这些事情皆被他言中。然而，最感人的事情还是昭公二十三年，他为了鲁国的长远利益，临危不惧，坚贞不屈。这一点和他的父亲叔孙豹非常相似。

当时鲁国武城人消灭了取道回国的邾国军队，邾国人向晋国申述，晋国人来鲁国声讨，为此，叔孙婼前往晋国解释，走到晋国就被拘禁了。晋人让他与邾国大夫当面对质。叔孙婼以周朝的制度规定列国的卿相当于小国的国君为理由，说服了晋人没让他对质。晋国执政卿韩宣子准备把他交给邾国人处理，叔孙婼听说后，屏退随从，扔掉武器去朝见晋君。后在晋大夫士弥牟的劝说下，韩宣子让叔孙婼与邾人各自住在一所馆舍里，让他们各自陈述辩辞。但是双方争持不下，最后，晋国先让邾国国君回国。叔孙婼听说要迁徙住处，一早就站着等待动身，晋国无法，只好让他住在城邑里，而把他的副手等人迁往他处。晋国另一卿范献子向叔孙婼索取贿赂，假托向他要帽子。叔孙婼便给了他两顶帽子，说："再也没有了。"范献子讨了个没趣。这时，鲁国派申丰带着财物去晋国疏通关系，叔孙婼让人告诉申丰说："来到后先见我，我告诉你把财物送给什么人。"于是，申丰去见叔孙婼，叔孙婼让人看住他，不准他走出屋子半步，坚决不给晋人行贿。而看管叔孙婼的官吏向他讨一只善吠的狗，叔孙婼也不答应，到将要回国时，却把狗杀了和他一起吃。用这种方式表明自己并不是吝啬一条狗。叔孙婼所居住的地方，即使住一天也要修整墙屋，到离开时也好像刚来一样。

叔孙婼被拘的第二年，由于他坚贞不屈的表现，他被放回鲁国，晋人还送给他礼物以表示对他志气如虹的人格的景仰。

昭公二十五年，由于昭公与季氏的矛盾激化，昭公在郈昭伯、臧昭伯的支持下举兵攻打季氏，由于叔孙氏的家臣与孟懿子的援助，昭公兵败流亡国外。事情发生时，叔孙婼在阚地（鲁邑，在今山东南旺湖中），事发后，连忙赶回鲁都曲阜，积极谋救昭公回国。

叔孙婼去见季平子，说："人有谁不死？你以放逐国君而成名，子孙牢记不忘，不是太令人伤悲了吗？逐君的罪名可是要记录在册，永远无法消除的。"对季氏晓之以理，动之以情，说服他同意让昭公回国，季平子信誓旦旦地说："如果能让我改过重新事奉国君，这就好比死人复生、白骨生肉。"可是，叔孙婼万万没有想到这仅仅是季平子开的一张空头支票，当他风尘仆仆地赶到齐国，找到昭公与他商讨回国事宜的时候，季平子改变了主意，拒不接纳昭公。对于季平子的出尔反尔，叔孙婼非常气愤，同时也感到对不起昭公，回国后立即让祝宗为他祈求早些死亡，不久去世。

（八）"平民圣人"墨子

墨子，名翟，鲁国春秋战国之际的思想家、政治家、墨家学派的创始人，大约生活在公元前468年到公元前376年之间。1991年6月，在由山东大学与山东滕州市联合发起召开的"全国首届墨子学术研讨会暨墨子学术成立大会"上，学者们比较一致地认为墨子的故里在今山东滕州市（图91）。山东滕州市在春秋前期属于小邾国的滥邑，春秋后期，昭公三十一年冬天，邾国大夫黑肱带着滥邑来投奔，从此滥邑属于鲁国。

墨子出身平民，曾自称"贱人"、"北方之鄙人"，人称"布衣之士"，他很有可能有过一段身为工匠的经历，后来才升为士人。墨子的思想中有许多地方涉及生产技术方面的具体知识，在谈话时，他常常喜欢引用与工匠活动有关的比喻，而且他本人也亲自制造过器械，并且擅长防御技术。墨子十分看重各种手工业生产，他认为手工业者应该强力"从事"，努力工作，"修舟车，为器皿"，以供社会之需。他成立的墨者集团本身也是一个能工巧匠集团。正是因为他生活在劳动人民中间，所以他对民众的苦痛充满着同情，并积极思索解救他们的方法。他创立的墨家学派与他对科学技术的探讨都是为了这一目标。

墨子早年曾"学儒者之业，受孔子之术"，后来因为不满儒家的"繁文缛礼"而抛弃儒学，另创新说，成为与儒家对立的学派。墨家学派有着严密的组

图 91　滕州市墨子中学

织，严格的纪律，其首领称为"巨子"，下代巨子由上代巨子选拔贤者担任，代代相传。墨门子弟必须听命于巨子，为实施墨家的主张，舍身行道。"日夜不休，以自苦为极"，奔走于各诸侯国之间，宣传自己的政治主张，精神十分感人。做官的墨者要向团体捐献俸禄，做到"有财相分"。首领要以身作则，实行"墨者之法"。墨子创立的墨家学派，在当时影响极大，与孔子所创立的儒学，被并称为"显学"。墨子和墨家学派的思想，主要保存在《墨子》一书中。

墨子的思想，主要就是所谓"十论"，即"兼爱"、"非攻"、"尚贤"、"尚同"、"节葬"、"节用"、"非乐"、"非命"、"天志"、"明鬼"。这是墨家的哲学、政治思想的纲领。通过对"十论"的论述，我们可以看出墨家代表了平民的利益。

墨子认为，天下的祸乱怨恨都是人们不能相爱而引起的，人与人之间"兼相爱"，"爱人若爱其身"，天下就能得到很好的治理，所以他反对儒家的"爱有等差"说，而提倡一种平等的，不分厚薄亲疏的相爱。墨子的"兼爱"还要禁止"强执弱"、"富侮贫"、"贵傲贱"、"诈欺愚"，反对贵族、富人欺压下层民众。

并且把"兼相爱"与"交相利"结合起来，认为"爱人"不能离开"利人"，人与人之间要互爱互利，"有力者疾以助人，有财者勉以分人，有道者劝以教人"。与"兼爱"相联系，墨子还主张"非攻"，即反对以大攻小，以强凌弱的兼并战争。墨子所主张的这种超阶级的"兼爱"，虽然在当时是无法实现的幻想，但是毕竟反映了平民要求平等互利，要求停止战争，希望安居乐业的愿望。

墨子主张的"尚贤"，即要求统治者不分等级地使用贤才，向"国中之众"、"四鄙之萌人"、"农与工肆之人"开放政权。不管什么阶层的人只要是贤能，就"举而上之，富而贵之，以为官长"；不贤能即"不肖"的人，就应当"抑而废之，贫而贱之，以为徒役"，达到"官无常贵，而民无终贱"。实际上这是为平民阶层上层分子要求政权的口号。

"尚同"则是在"尚贤"的前提下，统一天下，也就是实现"大同"的意思。要求人们与上级掌握政权的人同是非，即"上之所是必皆是之，上之所非必皆非之"，最后，使"天下之百姓，皆上同于天子"，而天子又"上同于天"。这样由上而下，上下一致，以形成一个稳定的社会。这种"尚同"思想，实际上是一种建立在民主选举基础之上的中央集权制政治模式，其思想意义远远超过了学术价值，可惜它仅仅作为一种理想而存在。

针对统治者的穷奢极欲和儒家提倡的繁文缛礼所造成的挥霍浪费，墨子还提出了"节葬"、"节用"的主张。要求节约开支，葬礼从俭。为此，墨子提出一套薄葬、短丧的办法，认为礼仪可以简略，但是生产不可懈怠，强调节俭求富。我们可以看出"节用"、"节葬"更明显地代表了上层平民的思想。墨子反对一切不必要的奢侈浪费，他甚至认为音乐和一切文娱、艺术等都是不必要的，是无用的东西。于是，由"节用"而引申出"非乐"来。当然，这主要是反对贵族"亏夺民衣食之财"的奢侈享乐，不过有许多表现社会文化的东西，也在其反对之列。

墨子还否定儒家的天命论，提出了"非命"的思想。即反对把人们的贫富寿夭等生活遭遇看做是先天注定的，而强调人的主观能动作用。主张事在人为，为善得赏，为恶受罚。但是墨子并没有摆脱传统宗教思想的束缚，在否定天命的同时，又提出"天志"和"明鬼"，认为天是有意志的，能赏善罚恶；鬼神也能超越常人的能力，上天鬼神是为了百姓的利益来监督天子以至万民的最高权威力量。不过这与统治者利用上天鬼神作为压迫人民的思想工具，有着很大差别。

墨子的学说是本着救世的目标的。墨子曾说："凡入国，必择务而从事焉。国家昏乱，则语之尚贤、尚同；国家贫，则语之节用、节葬；国家憙音湛湎，则语之非乐、非命；国家淫僻无礼，则语之尊天、事鬼；国家务夺侵凌，即语之兼爱、非攻。故曰：择务而从事焉。"视每个国家的具体情况而说教，犹如视病情而开药方，颇有医国疗世的精神。

在认识论方面，墨子提出了检验认识真伪的三项标准，叫做"三表"。一是要根据古代圣王的做法，即要有历史依据；二是要根据百姓的看法和感受，三是要根据在国家政令中的实践，检验是否合乎国家与百姓的利益。这种"三表法"反映了墨子注重实际效果、重视实践的思想方法，在认识发展史上是一个很大的进步。

墨子的学说对应时代而思想精深，言辞简略而论理缜密，成为当时与儒家并驾齐驱的"世之显学"而"言盈天下"，虽然历经禁杀，但却依然如地火不熄，引燃着一代又一代的思想家的智慧之火，其强大的理论魅力和真理价值至今仍然征服着中国乃至世界的思想者。

墨子不仅是一位思想家，墨家学派的创始人，而且又是一位科学家。墨子在科学方面的成就主要体现在《墨子》一书的《墨经》部分（图92）。《墨经》又称为《墨辩》，它包括《经》上、下和《经说》上、下以及《大取》、《小取》六篇。这些篇章的内容多为关于逻辑学、认识论和自然科学的知识。从《墨经》的内容及思想体系看，他出于后期墨家之手的可能性更大，不过，它肯定继承并体现了墨子的思想，其实也可以说是墨子成就的反映。

在自然观方面，《墨经》论述了客观自然界的物质性及无限性、时间与空间、运动与静止、量与质等等的辩证关系问题。这些论述表现了自发的唯物主义和朴素的辩证法特色。《墨经》的这些思想是鲁国的自然哲学已经具有相当水平的标志，也是我国古代自然科学与哲学的重要组成部分。

《墨经》还提出了不少自然科学概念。有人统计："《墨子》现存的自然科学发现有四五十条之多，即：一些数学概念和理论十九条，空间和时间五条，运动和静止两条，五行一条，找不同类物理量不能相比一条，物质不灭一条，力学和几何简单机械八条，光和影、针孔成像和球面反射镜成像理论八条，测皋影定南北方位问题两条。"这些内容都十分宝贵，如它所说的"力，形之所以奋也"，意思是说力是物体运动变化的原因，"这就是牛顿第二定律，只不过没有明确提出加速度这个物理量。……墨子早于牛顿两千年，当时能有这样卓越的力学理论，的确是了不起的"。墨子的不少成就都已经达到了当时世界上所能达到的最高水平，所以著名历史学家杨向奎先生说："墨子在自然科学上的成就，绝不低于古希腊的科学家和哲学家，甚至高于他们。他一个人的成就，就等于整个希腊。"（图93）

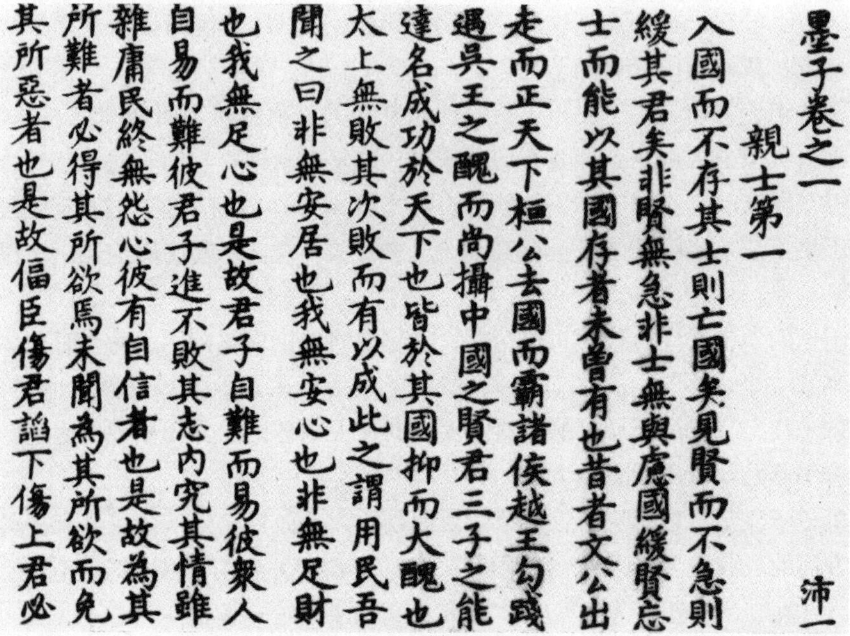

墨子卷之一

親士第一 沛一

入國而不存其士則亡國矣見賢而不急則
緩其君矣非賢無急士無與慮國緩賢忘
士而能以其國存者未曾有也昔者文公出
走而正天下桓公去國而霸諸侯越王勾踐
遇吳王之醜而尚攝中國之賢君三子之能
達名成功於天下也皆於其國抑而大醜也
太上無敗其次敗而有以成此之謂用民吾
聞之曰非無安居也我無安心也非無足財
也我無足心也是故君子自難而易彼眾人
自易而難彼君子進不敗其志內究其情雖
雜庸民終無怨心彼有自信者也是故為其
所難者必得其所欲未聞為其所欲而免
其所惡者也是故偪臣傷君諂下傷上君必

图92 《墨子》书影

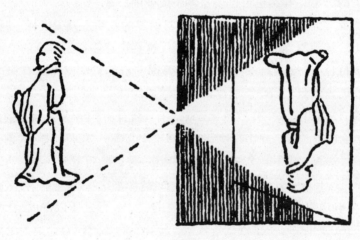

图93 小孔成像示意图

　　正是由于墨子出身平民，又立志于为平民的事业而奋斗，做出了杰出的贡
献，所以墨子又被称为"平民圣人"。汉代王充甚至把他与孔子并称为"圣贤"。

胡适在著作《先秦名学史》中称赞墨子是"是伟大的科学家、逻辑学家和哲学家","是一种高度发展的科学的方法的创始人";称《墨子》是"真正有价值的唯一著作"。而人民领袖毛泽东和"俯首甘为孺子牛"的鲁迅则明确认定墨子是"人民思想家"。

六 鲁国风俗

（一）周公遗风，礼义唯恭

鲁国是保存周礼最多的国家，也是保存时间最长的国家，是当时有名的礼仪之邦。周代礼乐文明奠基人周公的遗风长久地绵延在这块广袤而美丽的大地上。他所开创的礼乐传统深深地影响了鲁国社会的方方面面，久而久之，也"化成"了鲁国崇礼尚义的社会风俗，并因此而为天下人所重。

鲁人认为"礼"既是国家兴衰的晴雨表，也是关系着个人生死存亡的命脉。他们把礼看做是人区别于其他动物的标志，认为："今人而无礼，虽能言，不亦禽兽之心乎？夫唯禽兽无礼，……是故圣人作，为礼以教人，使人以有礼，知自别于禽兽。"因此，在鲁国，礼成为人们的行为准则，上至鲁公卿士，下至平民百姓，无不循礼而动。不论是"国之大事"，还是往来小节，无不如此。在鲁国形成了浓厚的崇礼、明礼的社会风气，鲁人坚信"无礼必亡"，因而也都"服于有礼"，一旦违礼，就会受到指责。襄公二十七年（公元前546年），齐国的庆封往鲁国行聘，他的车饰非常华美，却不懂得礼仪，吃饭时又表现得很不恭敬，于是叔孙穆子便借《诗经·魏风·相鼠》讥讽他说："人而无仪，不死何为？"、"人而无礼，胡不遄死？"表达了对无礼之人明显的鄙夷与不屑。

鲁人崇尚礼义，自然也就非常好学，他们学礼学乐，蔚然成风。鲁国不但拥有最完备的周代礼乐，而且还拥有最浓郁的学习氛围。有一次，周大夫原伯到鲁国，对人们的好学大不以为然，说："可以无学，无学不害。"鲁国人听后，十分惊诧，说："夫学，殖也。不学将落，原氏其亡乎！"在鲁人看来，学习如同种植草木一样，不学就会才智日退，如同草木枯萎落叶，无可挽救。

鲁人好学，礼书典章也就备受他们的重视与爱护。哀公三年，鲁国宫中失火，救火者先抢救府库财物。南宫敬叔赶到，命令掌管周书典籍的"周人"先将国君所读的御书搬出宫外，并下令说如果御书出问题就要被处死。子服景伯赶到，命令掌管礼书的"宰人"先搬出礼书，等候命令，如果不能完成指令，就按常规处罚，然后才指挥救火。季桓子赶到，命令救火的人如果受了伤就要停下来，认为财物以后还能再创造，然而却命令必须把典章收藏好，说："旧的典章不能丢失。"

在这样好学、崇礼、守义的社会风气影响下，鲁国出现了许多孝义、节义的人物。西汉刘向的《列女传》里记载有三位这样的典型人物（图94）。

一则是"孝义保"：伯御纠集鲁人攻杀鲁懿公，自立为君，并在宫中搜寻鲁

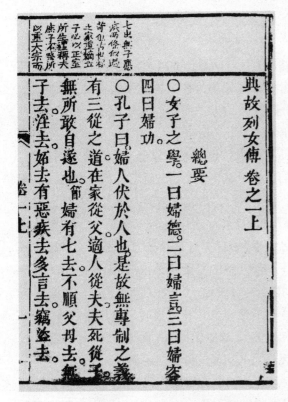

图94 　《列女传》书影

懿公的幼弟公子称，准备把他杀死，公子称的保姆便让儿子穿上公子称的衣服，代替公子称而死，随后抱着公子称逃到宫外，悉心抚养他长大，十一年后，周宣王诛杀伯御，立称为鲁君，就是鲁孝公。

另一则是鲁女伯姬：鲁宣公之女伯姬嫁给宋共公不久，宋共公便死，伯姬幽居守节几十年。后伯姬所居之宫发生火灾，宫人劝她躲避，她却说："妇人之义，傅母不至，夜不可下堂。越义求生，不如守义而死。"结果竟被活活烧死。

还有一则是"义姑姊"：义姑姊仅仅是鲁国一个普通的乡间妇女，却在齐军的追赶下舍子救侄，并解释说公义比私爱更重要，"不能无义而视鲁国"。齐军从而罢兵，他们认为："鲁未可取也。匹夫之义尚如此，何况朝廷之臣乎？"

我们很明显可以看出，在当时的鲁国，礼义重于一切的社会风气已经深入民心，这种风气的形成既是发自内心地对礼义的认同，也是自上而下的约束，因为义姑姊还解释说如果不这么做，"则鲁君不吾畜，大夫不吾养，庶民国人不吾与也。夫如是，则胁肩无所容，而累足无所履也。"上自鲁君下至庶民都认同"义"，这就形成了一股强大的社会舆论力量，引导人们去遵守礼义，去杀身成仁，去舍身就义，这种风气一直深入到草野乡间。

重视礼义表现在义、利关系上，便是重义轻利。鲁国的大思想家孔子就是如此。在生活方面，孔子的态度是："饭疏食，饮水，曲肱而枕之，乐亦在其中矣。不义而富且贵，于我如浮云。"孔子历来提倡"见利思义"，认为"君子喻于义，小人喻于利"主张"君子谋道不谋食，……君子忧道不忧贫"（图95、96）。

鲁人崇周礼、重教化、尚德义、重节操，这些社会风气保持了鲁国社会的相

图 95 陋巷故址碑

对稳定性，因此鲁国成为各国学习的榜样。当初管仲改革齐国时，就针对齐国传统礼义道德观念淡薄，习俗落后，以致于君臣上下无礼、男女关系混乱，从而严重影响社会秩序和政治稳定的情况，十分注意从鲁国吸收周礼文化，强调礼义道德的建设。

管仲如此，齐国的其他君臣何尝不是如此？齐国虽然有人对孔子所讲的繁文缛礼不感兴趣，但是他们毕竟不能不对鲁国"尊卑有等，贵贱有序"的礼治秩序表示重视。例如，齐国的另一位名相晏婴就曾经与齐景公一起到鲁国"俱问鲁

图96　陋巷

礼"；孔子到齐国时，齐景公也不失时机地问政于孔子。又如，鲁国发生庆父之难时，齐欲伐鲁，但有人看到鲁国"犹秉周礼"，认为"鲁不弃周礼，未可动也"。

　　正因为鲁人崇尚礼义，所以直到鲁国衰微之时，这里的礼让风气仍然存在。这便是《汉书·地理志》所说的："其民涉渡，幼者扶老而代其任。俗既益薄，长老不自安，与幼者相让。"这里是说，直到国家衰微之时，鲁国尚有揖让之风。这种崇尚礼义的风气绵延很久，一直到刘邦"举兵围鲁，鲁中诸儒尚讲诵习礼乐，弦歌之音不绝"。刘邦为其"守礼义"、"为主死节"的精神所感动（因为项羽曾被封为鲁公）。可见礼乐传统对鲁国社会风气影响之深。史书中还有许多类似的记载，如《庄子·天下》："其在于《诗》、《书》、《礼》、《乐》者，邹鲁之士、缙绅先生，多能明之。"《史记·货殖列传》："邹鲁滨洙泗，犹有周公遗风，俗好儒，备于礼。"《汉书·韦贤传》："济济邹鲁，礼义唯恭，诵习弦歌，异于他邦。"《汉书·地理志》："鲁地……其民有圣人之教化，……其民好学，上礼义，重廉耻。"

这里的鲁当然是指鲁国或者鲁地，而邹就是指距离鲁都曲阜几十里的邹国。战国时邹地是否属于鲁国，历来有争议。然而，邹受鲁影响大，这是不争的事实。邹国就是邾国，春秋时期邾君曾言"鲁击柝闻于邾"。战国时期的邾国被称为邹国，由于鲁国儒家文化的影响，如孔子的孙子子思曾到邹地讲学，特别是孟子迁居到邹，使邹地名声日隆，这里也就有了浓厚的儒家文化氛围（图97）。在这一点上，人们才将邹地与鲁国相提并论。而且由于孟子的原因，自战国时期起，人们将两地合称时，还把"邹"放在"鲁"的前面，而称为"邹鲁"。

图97　孟子故居

当然，鲁人对于传统的过分留恋，也束缚了他们的思想，对社会发展产生了不利影响。鲁人的重义轻利意识也制约了鲁国经济的发展。然而，鲁人崇尚礼义、注重诚信却有着永恒的价值。

（二）同姓不婚，男女有别

鲁国是遵循周礼，崇尚礼义的国家，体现在婚俗上就是"同姓不婚"和

"男女有别"。在周代，人们对婚姻与社会的密切关系认识更加明确，婚姻被视为家、国大事，受到越来越多的重视。婚姻关系的认可有了明确的规定，婚姻关系的确立也有了繁复的程序。在两周时代，婚姻问题具有明显的以整易"乱"，由宽而严的过渡性时代特征。而鲁国在所有的诸侯国中，对婚姻的限制与约束是很严格的。

周代实行"同姓不婚"，在选择婚娶对象时，先要"男女辨姓"，也就是先辨清楚姓氏，以避免同姓相婚。即使是买妾，也要避免同姓，如果实在不知道妾的姓，就要占卜以确定是否吉利。为什么同姓不能结婚呢？

原来，"同姓不婚"可以避免族内冲突。因为如果同姓可以通婚，就可能因为争夺异性而发生内部争斗。这不仅会影响本族的团结，削弱本族的力量，而且可能淆乱族内的宗法秩序。另一方面，社会的进步，使周人认识到族内两性关系的存在与禽兽无异。

所以说"同姓不婚"既是人伦之需，又能使人区别于禽兽，防止内乱，这是从内部而言；而从外部讲，娶于异姓还能与异姓国族互通联系，结为友好，这便是所谓的"合二姓之好"、"为四邻之援"，这反过来又使人们更加重视婚姻关系中的姓氏之别，从而加强了维护父系宗亲集团共同利益的自觉意识。这样，人们对"同姓不婚"的认识又进了一步，于是出现了"厚别"之说。"娶妻不娶同姓，以厚别也"。"厚"有加强的意思；"别"显然指的是姓氏之别，厚别无非是格外强调同姓不婚。

鲁国执行"同姓不婚"很严格的。鲁国的国君大都娶于异姓，周公及武公从任姓的薛国娶妻，孝公、惠公从子姓的宋国娶妻，自桓公以下从姜姓的齐国娶妻。鲁国国君唯有昭公例外，他娶了吴国女儿孟子为妻。鲁、吴虽然相距遥远，但是同为姬姓，吴国女儿貌美，昭公不顾同姓不婚的礼制规定，娶了回来。这桩婚姻遭到了人们的议论与非难。以至于娶的时候不敢声张，不敢称呼她为吴姬，而称呼她为吴孟子。夫人死的时候，也不敢发讣告，不敢为她行"反哭"之礼，不敢称呼她为"小君"。一切低调处理。尽管这样，《左传》还是讥讽昭公不知礼，《论语·述而》甚至说昭公："君而知礼，孰不知礼？"足见鲁国"同姓不婚"约束力量之大。

在鲁国，"同姓不婚"是最为基本的婚姻习俗，不论男婚还是女嫁，均不找同姓。《孔子家语·曲礼子夏问》记载：卫国国君派大夫到鲁国贵族季氏家里求婚，季桓子便向孔子请教有关的礼制。孔子说："同姓为宗，有合族之义，故系之以姓而弗别，缀之以食而弗殊。虽百世，婚姻不得通，周道然也。"卫国始祖康叔与鲁国始祖周公都是周文王的儿子，同为姬姓，所以即使过了四五百年，两人的后裔还是不能通婚。

春秋时期，姬姓的晋国与卫国均已不太在意是否为同姓，而是看重女色或者女子出身，如晋平公后宫曾有四位姬姓的妃嫔；晋国贤臣叔向的家族羊舌氏是从晋国公室分出去的一支，姬姓，他的父亲羊舌职，母亲羊舌姬均为姬姓，这又是同姓而婚，而且羊舌姬还命令儿子叔向再从自己娘家的侄女中选择配偶，由于叔向想娶貌美的夏姬之女，而且晋平公支持叔向，于是叔向的母亲才作罢。

婚姻制度史的研究早已表明，对于氏族族内婚来说，"同姓不婚"是极大的进步。正因为如此，鲁国的婚姻制度得到了当时各国的普遍认同。例如《史记·商君列传》记载商鞅说："始秦戎翟之教，父子无别，同室而居。今我更制其教，而为男女之别，大筑冀阙，营如鲁卫矣。"在当时的情况下，严格的婚姻制度以及男女界限是清除旧的习俗的最好办法，在这方面，鲁人的做法是具有表率作用的。

婚姻关系既然是人类社会生活重要而基本的方面，那么，在重礼的周代，婚姻礼仪便受到格外的重视。

一般的说，男女之间的婚配都要通过"父母之命"、"媒妁之言"而结合。反映鲁地社会风貌的《诗经·豳风·伐柯》说："伐柯如何？匪斧不克。娶妻如何？匪媒不得。"《伐柯》一诗专写娶妻必须通过媒人，后人称为人做媒叫"伐柯"，"作伐"就是由此而来。在媒人的往来沟通下，依次进行聘娶的"六礼"，即订婚和成婚的六个程序：纳采、问名、纳吉、纳征、请期、亲迎。在"六礼"进行的全过程中，始终贯彻了"男不亲求，女不亲许"的精神（图98）。

与鲁紧邻的齐国，在婚姻方面也讲究父母之命、媒妁之言，但是在齐国，谈情说爱、自由择偶之风盛于鲁国。在鲁国，这种风习也有例可寻。如鲁庄公见到党氏的女儿孟任貌美，便主动追求，并割臂以盟，答应娶为夫人。泉丘女子因为梦见自己用帷幕覆盖孟氏家庙，便与女伴私奔于鲁国贵族孟僖子，并"盟于清丘之社"。不过这种自由结合的现象是个别的，绝非婚配方式的主流。

在当时的社会，正常婚姻之外，各国都有一些特殊的婚姻现象，如烝、报、通等。烝即妻其后母，指儿子娶生母以外的父亲的妻妾。报，指收娶其他亲属的妻室。通，指非夫妻间的两性关系。比较其他诸侯国，鲁国没有"烝"其后母的现象，而且类似报、通等的现象也是比较少的。

《礼记》中记载说"诸母不漱裳"，"嫂、叔不通问"。或许这正是鲁国在史料记载中几乎没有"烝"、"报"婚姻方式的原因。"诸母不漱裳"是说作为家长的男子不可以让庶母洗下身的衣服。“诸母”即庶母，也就是父妾，她们地位低，在家中要从事洗衣等方面的劳作。但是男性家长只能让她们洗上衣。这显然是有意隔开男家长与父妾。“嫂、叔不通问”即嫂子与小叔子之间不能互相往来访问。这是为了严格嫂、叔之间的界限。

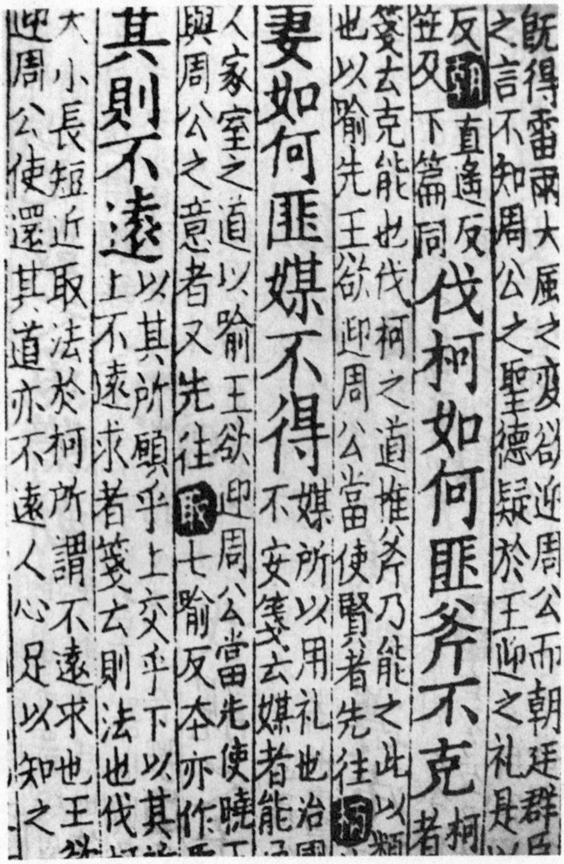
既得雷雨大風之變欲迎周公而朝廷群
之言不知周公之聖德疑於王迎之禮是以
反 朝 直遥反
笠反 下篇同
伐柯如何匪斧不克
柯
者
箋去克能也伐柯之道唯斧乃能之此以類
也以喻先王欲迎周公當使賢者先往 酒
妻如何匪媒不得
媒所以用禮也治國
不安箋云媒者能
人家室之道以喻王欲迎周公當先使曉下
與周公之意者又先往 取 七喻反本亦作娶
其則不遠
以其所願乎上交乎下以其
上不遠求著箋云則法也伐
大小長短近取法於柯所謂不遠求也王欲
迎周公使還其道亦不遠人心足以知之

图 98　《诗经·豳风·伐柯》书影

鲁国在婚姻、婚俗方面的严谨要求是从讲究男女有别开始的。鲁人把男女之别看做是人区别于禽兽的特点之一，认为它关系到礼义的大问题，他们说：“男女有别，然后父子亲；父子亲，然后义生；义生，然后礼作；礼作，然后万物安。无别无义，禽兽之道也。”还说：“男女有别而后夫妇有义。”

鲁国特别注重男女之别和夫妻之别，与齐国形成鲜明的对比。与鲁国紧邻的齐国务实开放，但传统礼义道德观念淡薄，男女关系显得比较混乱，齐襄公曾有“长女不得嫁，名曰巫儿，为家主祠”的规定，长女留在娘家主持祖先祭祀，这颇有母系氏族社会的遗风。这种风俗，一直绵延到汉代。齐国著名的君主，春秋五霸之一的齐桓公以“好妇人之色”闻名，他竟然淫于他的“姑姊妹”，齐国国中也“多淫于骨肉”。此外，类似的例子还有很多，有不嫁之女“行年三十而有七子”；有君主之女淫于叔伯兄弟者，有同父异母兄妹相通者。这显然是旧的婚姻习俗的孑留。

《礼记·曲礼上》说的“男女不杂坐”，这在鲁国是约定俗成的行为规范，而齐国却不以为然，相反，在齐国，“男女杂坐”是司空见惯的现象。如齐威王时期，齐臣淳于髡描述当时的“州闾之会”的情形说：“男女杂坐，行酒稽留，六博投壶，相引为曹，握手无罚，目眙不禁，前有堕珥，后有遗簪"。紧接着淳于髡又描述当时私家宴饮，说："日暮酒阑，合尊促坐，男女同席，履舄交错，杯盘狼藉，堂上烛灭……罗襦襟解，微闻芗泽。"

这给我们描绘出了一幅多么生动的齐国民俗图：乡里酒会时，男女杂坐，又是掷骰子下棋，又是投壶，彼此分组赌酒，男子拉女子的手不受罚，目不转睛地注视她们也不被禁止，前面有散落的耳环，后面有丢失的头簪。私家宴饮时，男女同席，紧紧挨着身子坐，男女的鞋子零散乱放，喝到尽兴时，妇女的罗衫衣襟轻解，脂香粉滑，空气中弥漫着一缕香气。

此外，齐国男女之间没有严格的行为限制，女子地位较高，不必处处回避男子。齐国的女子往往大胆泼辣地追求爱人，如《诗经·齐风·东方之日》说："东方之日兮，彼姝者子，在我室兮。在我室兮，履我即兮！东方之月兮，彼姝者子，在我闼兮。在我闼兮，履我发兮！"读此诗篇，我们能够清晰地感觉出，齐女是多么的热情奔放，她由在室而在闼，步步紧逼爱人，以至于爱人无处躲藏。

鲁国与齐国的做法截然不同，不仅强调男女之别，而且更加强调对女子的约束。要求女子长到十岁以后，就要养在深闺，学习妇道，要言语柔婉、容貌贞静、听从长者言语。还要学习缲丝织布等妇功，以备将来做一家主妇。还要学习献酒、备笾豆等祭祀礼仪，以备将来参与祭祀活动。女子出嫁后，仍然要处处与男子保持距离，要像一般女子那样注意生活中的一些细节问题。不能与男人同用挂衣架，不敢挂衣物在丈夫的衣架上，不敢放衣物于丈夫的竹箱内，不敢和丈夫共用一间浴室。丈夫不在家，要把丈夫的枕头簟席收藏起来，等丈夫回来再用。

依我们现在的眼光来看，鲁国的男女之别和夫妇之别简直令人难以置信。然而，这却是事实，如我们上一节提到的伯姬，她就是坚守着"妇人之义"而被火烧死的。《列女传》还引用所谓"君子"之言说出礼的规定：妇人没有傅母陪同，夜里便不能走出堂屋，走路也要点上火炬拿着，这说的就是伯姬的行为。伯姬是鲁女，她有保母、傅母，而且伯姬死时，保母、傅母都年事已高，这说明这些教导她的人是自小带大她的，也说明是在鲁国的自小围教养成了她身守妇道，视死如归的守礼意识的。

伯姬是鲁女，她为守"妇人之礼"而死，可信的记载中还有一位守礼的鲁妇敬姜，她虽然没有像伯姬那样为守礼而死，但她作为鲁国贵族的一员，在遵守礼仪方面也是率先垂范的。尤其在妇人之礼方面，她的表现尤具有典型意义。她就是鲁国贵族公父穆伯的妻子、季康子的从祖叔母。季康子到敬姜家里，她打开寝门和他说话，两人都不跨过门槛。她参加祭礼，不亲自接受宾客的劝酒，也不与康子宴饮，孔子"以为别于男女之礼也"。她还十分注意内外之别，坚持"外言不入，内言不出"。与季康子在外朝遇见不与他交谈，到季氏内朝还是不与他交谈，一直到寝门之内，方回答季康子的问话。她解释说按照礼的规定，外朝、内朝都是男人处理事情的地方，只有寝门之内方是妇人讲话的地方。丈夫穆伯、儿子文伯都先敬姜而死，因为礼有"寡妇不夜哭"的规定，敬姜便白天哭丈夫而晚上哭儿子。

《列女传》还记载了一位深知妇人之礼的"鲁之母师"。她是鲁国一位有着九个儿子的守寡母亲。她治家讲究礼节，年终腊日按照礼仪规定办完岁祀后，想回娘家看看，便招集儿子们商议，取得儿子们同意后，再在小儿子的陪同下离开家门，"以备妇人出入之制"。还说："妇人之义，非有大故，不出夫家。"后来鲁穆公赐给她"母师"的称号，还让夫人与众姬妾拜她为师。

这些生动的记录，使我们看到在鲁国男女之间与夫妇之间有着多么严格的限制，可谓是壁垒森严。事实上还有很多，因为这种风俗已经逐渐形成强大的舆论力量，即使是鲁君偶有违犯，也会受到舆论的谴责。例如，鲁桓公与齐襄公相会，鲁桓公夫人文姜本是齐女，齐国是她的母家，于是她与桓公一道去了齐国。由于违背礼制规定，《春秋》加以记载，而且当时大夫申繻出面劝阻桓公的做法。以我们今天的眼光看，桓公夫人与桓公同到齐国实在是一件极平常的事，可是鲁人却不然，他们从"夫妇有别"的原则看，认为女有女的家，男有男的室，男女不能混在一起，否则就是违礼，是不会有好结果的。又如，庄公从齐国娶来夫人哀姜，让宗妇进见，以玉帛为礼物。而根据礼的规定，玉帛是男子进见的礼物，用以表明身份等级。而女子的礼物是榛、栗、枣等物，表示虔诚恭敬。庄公的行为违背了礼，大夫御孙进谏说，如今男女礼物相同，这是男女没有差别了。而男女有别，是国家的大法，是不能由夫人开始淆乱的。再如，宣公五年的秋九月齐卿高固娶鲁女叔姬为妻，冬天，两人就一起来鲁国省亲。《春秋》也责备他们不懂礼仪。

春秋时期，很多国家依然保存着男女自由交合的上古婚姻习俗，如《墨子·明鬼》说："燕之有祖，当齐之社稷、宋之有桑林、楚之有云梦也。此男女之所属而观也。"也就是说，燕国"祖"、齐国的"社稷"（原文衍生出"稷"字）、宋国的"桑林"、楚国的"云梦"性质是一样的，是男女欢悦聚会的场所。而鲁国，也许民间依然保存着这种习俗，但是没有这种场所，所以鲁庄公非常好奇，于庄公二十三年，"如齐观社"，就是说庄公去齐国观看祭祀土地神的社祭。《穀梁传》认为庄公此行的目的是看女人，以为第二年也就是庄公二十四年即迎娶齐女哀姜，庄公这次就是借观看社祭的机会观看哀姜。庄公的这种做法不合于礼，所以大夫曹刿极力劝阻，说"君举必书，书而不法，后世何观？"但是庄公还是去了。《春秋》经传都对此进行讥讽。

鲁国强调夫妇之别，因而也不能接受夫妻二人一同到女方的母家。实际上，鲁礼甚至要求男女不能一起行路。"道路，男子由右，女子由左，车从中夹。"也就是说，鲁人在行路时中间都是由车道分开的，男女各行其道。

（三）务农重谷，俭以足用

鲁国的统治者为周人，他们对周人的文化传统很容易接受。周是一个以重农闻名的民族，周的始祖弃曾对农业的发展作出了贡献，被尧尊为农师，舜又推弃为后稷（即农官），《诗经·鲁颂·閟宫》中，鲁人曾以饱满的热情歌颂后稷的农功，"是生后稷，降之百福。黍稷重穋，稙穉菽麦。奄有下国，俾民稼穑。有稷有黍，有稻有秬。奄有下土，缵禹之绪"。我们可以看到后稷是种庄稼的好手，种植了黍、稷、重（先种后熟的谷物）、穋（后种先熟的谷物）、稙（先种的庄稼）、穉（后种的庄稼）、菽（大豆）麦、稻、秬（黑谷）等农作物。农业确实是周族兴盛的根本，而且周人后来也一直保存着重农的传统。殷商人则与周人不同，他们有会做生意的传统，从以物易物的交换方式，发展到以贝、玉作货币的商业活动，都以商人为主。早在商的先公王亥时期，他们就是赶着牛羊，到处去交换粮食和其他生活用品的有名的"商人"。据周公说，在殷遗民中有一部分人，他们就是长途贩运，从事贸易活动的商贾，他们"肇牵车牛，远服贾，用孝养厥父母"。周族人善于种植，以农业立国，他们看不起商人，说他们"胜而无耻"。伯禽封鲁后，对当地人民的礼俗进行变更，说不定也对人们的重农意识加以强化。很多学者都认为周人有崇尚农业的传统，而鲁人又把这一传统加以继承和光大。

鲁人重视农业也与其地适宜农桑的地理条件有关。鲁国地处黄淮平原的边缘，其领地以汶河流域和泗河的中上游地区为中心。境内丘陵之间，有诸如汶阳、泗西等大片肥沃的良田，而且河流、湖泊交错，不仅如此，鲁国当时的气候比现在要温暖一些，地势低下而湿润，降雨量虽不太丰裕，却集中在农作物生长旺盛的季节，不经过灌溉也可以依靠天然降水发展农业。

悠久的重农传统、适宜农耕的地理环境使鲁人十分重视农业，鲁国成为当时比较典型的农耕区，《史记·货殖列传》称这里"宜五谷、桑麻、六畜……鲁好农而重民……鲁千亩桑麻"。

鲁人重视农业，而在当时科技落后、生产力水平低下的情况下，自然变化对农业生产的影响尤为明显，所以他们也就特别关注水、旱、蛊、麋、蜮、蜚、螟、地震等自然灾异，《春秋》上这方面的记载很多。"《春秋》所书地震，皆自鲁言。"不仅地震，其他的灾异也都是针对鲁国而言的。

与农业发展相适应，鲁国土地的开垦、铁农具的使用、牛耕的出现和推广，在当时诸侯国中都较为典型。在西周到春秋时期，鲁人的生产工具主要还是木、石制品。春秋后期以降，鲁国开始使用铁制农具并逐渐普遍起来。当时鲁国所冶炼的铁可能主要用于制造生产工具。农业中使用铁农具的时候，牛耕也出现并推广开来，"宗庙之牺，为畎亩之勤"，原来大量用于祭祀的牛现在步入了农业生产领域。《论语·雍也》说："犁牛之子骍且角。"这里的犁牛就是耕牛。孔子的学生"冉耕，字伯牛"，春秋末年鲁国人。古人名、字意义相符，说明当时鲁国牛耕已经相当普遍。

鲁国的农作物以麦、禾为主。麦有大麦、小麦之分，小麦又分为春小麦和冬小麦，那时的麦只被用来做饭，并不磨面食用。禾包括的范围广泛，虽然有的时候专指稷这一种谷子，但大多是泛指所有的秋季粮食作物，如黍、稷、稻、梁等，为"黍稷之属"。董仲舒曾对汉武帝说："《春秋》它谷不书，至于麦禾，不成则书之，以此见圣人于五谷最重麦与禾也。"鲁国以麦、禾的丰歉，作为农作物丰歉的标志，在经济生活中占有举足轻重的地位。鲁国的农业当时已是两季收成，麦收于夏，禾收于秋。

由于务农重谷，土地的有限出产和农事劳作的艰辛，使鲁人珍惜劳动成果，俭以足用，形成了全社会的共同习尚。在鲁人看来，行俭则足用，用足则可以荫庇宗族；相反，奢侈浪费就不会忧虑财用短缺，财用短缺而不忧虑，忧患就会降临到头上。

鲁人重俭朴首先在鲁国的当政者身上得到了充分体现。孟孙氏和季孙氏是鲁国最大的两个家族，但是他们却都十分注重节俭。《国语·周语中》便说"季文子、孟献子皆俭"。如季文子，《史记·鲁周公世家》称他"家无衣帛之妾，厩无食粟之马，府无金玉，以相三君"。孟献子也是如此，《韩非子·外储说左下》描述说："孟献伯相礼，……食不二味，坐不重席，无衣帛之妾，居不粟马，出不从车。"孟献子不仅自己节俭，而且对后代也同样要求。据《国语·鲁语上》记载，当孟献子的儿子仲孙它看到季文子十分节俭时，便劝谏季文子应该改变习惯，他认为季文子的行为很容易被人误解为吝啬，而且从鲁国的面子来考虑，季文子也应当荣华一些。但是季文子以为，应当以德行荣耀作为国家的光荣，而不应当以生活的奢侈作为炫耀的资本。孟献子知道儿子的看法后，非常生气，便把他关了七天的禁闭。仲孙它反省到自己的过错，从此在生活上也十分注重节俭。与孟孙氏、季孙氏两家相反，鲁国的叔孙氏、东门氏追求奢侈，结果他们都没有好下场。周定王六年（鲁宣公十年，公元前599年），当周王派遣刘康公到鲁国聘问时，刘康公看到"季文子、孟献子皆俭，叔孙宣子、东门子家皆奢"便认为季孙、孟孙要在鲁国长期执政，而叔孙、东门可能要灭亡，如果叔孙氏、东门氏不灭亡，他们自身也不能免祸。果然，东门子家（东门襄仲的儿子公孙归父）因祸逃亡齐国，东门氏在鲁国失势，从此一蹶不振。叔孙宣子（叔孙侨如）也因祸逃亡齐国，鲁国立了他的弟弟叔孙穆子。叔孙穆子"忠、信、贞、义"，使叔孙氏转危为安，但是叔孙氏的地位一直也不如季孙和孟孙两家。

后来，随着鲁国的灭亡，鲁国的务农重谷、俭以足用的民风有所消退。这里的人们不再以行俭足用为满足，变得爱好财货，追求利益，甚至不惜采取巧伪的办法。对于鲁国民风的这种转变，史籍中都有具体的描述。《史记·货殖列传》说鲁地"地小人重，俭啬，畏罪远邪。及其衰，好贾趋利，甚于周人"。《汉书·地理志》则说鲁地"今去圣久远，俗俭啬爱财，趋商贾，好訾毁，多巧伪"。

由此可见，到了汉代，鲁地的民风已经失去了其本来的淳朴，随着秦汉大一统帝国的建立和发展，其区域文化的特色在渐渐淡薄、消退。

（四）"动不违时"，"财不过用"

长勺之战前夕，曹刿在与鲁庄公对话中说道："若布德于民而平均其政事，君子务治而小人务力；动不违时，财不过用；财用不匮，莫不能使共祀。是以用民无不听，求福无不丰。"意思是说对百姓施德，政事处理公平，官吏治国，百姓出力，行事不违反季节，财物不超过礼仪的规定。如果做到了这些，百姓们便能恭敬于祭祀，也能听从政令。

这番话极具代表性。尤其"动不违时，财不过用"，这一直是鲁国的传统。鲁人重视农业，"动不违时"便是指不违背农时，而"财不过用"，按照韦昭的解释，即"不过用，礼也"，这显示了鲁人对于充分发展工商业的态度是很淡漠的。

鲁人非常重视农业，当然也就深知农时的重要性，鲁国统治者十分懂得"使民以时"的道理，在役使百姓时尽量地避开农忙季节。对此，鲁国国史《春秋》中就有充分的反映。《春秋》记有城筑之土功很多，计筑城23次、筑台囿8次、新建鲁城城门3次，新建马厩1次，而往往记其是否有碍农功。如：

隐公七年，"夏，城中丘。书，不时也"。

隐公九年，"夏，城郎，书，不时也"。

桓公十六年，"冬，城向。书，时也"。

庄公二十九年，"春，新作延厩。书，不时也"；"冬十二月，城诸及防，书，时也"。

文公十二年，"十二月，城诸及郓，书，时也。"

宣公八年，"冬，城平阳，书，时也。"

成公九年，十一月，"城中城，书，时也。"

成公十八年，八月，"筑鹿囿，书，不时也"。

襄公十三年，"冬，城防，书事，时也"。

昭公九年，"冬，筑朗囿，书，时也"。

定公十五年，"冬，城漆。书，不时告也"。

对比"时也"与"不时也"的记载，明显可见，冬天进行土木工程是合于时令的，相反，若春、夏、秋三季农活忙的时候进行则是不合时令的。

事实上，鲁人由于重视农事，强调"动不违时"，对于土木工程有着严格的时间限制。他们规定，"凡土功，龙见而毕务，戒事也。火见而致用，水昏正而栽，日至而毕。"意思是说，凡是土木工程，夏正的九月，苍龙星早晨出现在东方的时候，就要结束一切的夏收、秋收等农活；夏正的十月初，大火星早晨出现在东方的时候，就要做好土木工程的准备工作，把一切应用工具都搬到现场；十月，大水星黄昏出现在正南方的时候，就要夯土筑墙，冬至的时候就要完工。

鲁国的统治者、有识之士都深知这一道理，史书中屡见这方面的规劝，如：襄公十三年（公元前560年）冬天，鲁国修筑防地城墙，当时鲁公想早些时候进行，但是大夫臧武仲请求等农活忙完了再说，于是还是在冬天进行，《春秋》嘉奖这种做法，认为这是合乎礼的。此外，在按时令进行土木工程的时候，鲁国的执政者考虑更多的还是百姓的承受力，如：昭公九年（公元前533年）冬天，修筑朗囿，这是按照时令进行的工程，当时季平子想加快工程进度早日完工，叔孙昭子不同意，劝阻说："《诗经》上说：'开始建造不着急，百姓如同儿子自动来'，哪里还用得着加快进度？加快进度会使人民劳累。没有园林是可以的，没有人民还能行吗？"于是工程还是按部就班地进行。

与《春秋》记事往往言其是否适时那样，鲁人也主张动不妨农。孔子就说："道千乘之国，敬事而信，节用而爱人，使民以时。"国君治理国家，役使百姓应该于农闲时间，把以时使民提高到了国君为政原则的高度。

鲁人强调"动不违时"的同时，也坚守"财不过用"，他们认为作为主业的农业上的收获付出了艰辛的劳动，这样的收获才是正常的收获，这样的收获才能使人民保持淳朴的作风。鲁国贵族公父文伯的母亲敬姜就深知这个道理，她作为上层社会的一员，一直坚持缉麻纺织，她的儿子公父文伯非常不理解，于是敬姜告诉儿子说："以前圣明君王安置民众，选择贫瘠的土地给他们，使他们辛勤劳作，而后加以利用，所以能长久地统有天下。民众劳苦则思考，思考则产生善良之心；安逸则浮淫，浮淫则会有丑恶之心。沃土上的民众难于成器，是由于淫逸；瘠土上的民众崇尚德义，是由于勤劳。"并告诫儿子先王的遗训就是君子劳心，小人劳力。无论男女，无论卑贱都不能放弃劳作，都要努力创造业绩。从敬姜的话里，我们能清晰地品味出，鲁人认为如果轻轻松松就能收获，那会使人浮淫，付出艰辛劳动的收获才是有益的收获，而且他们也坚信收获不要太过丰富，否则人们也会淫逸。

鲁人如此的重视农业，当然在他们的意识里会对工商业的发展有一定的偏见，他们瞧不起工商业，以为工商业是末业，这与和它相邻的齐国是不同的。虽然如此，鲁国的手工业内部分工是很细密的。鲁成公时，楚人伐鲁，"孟孙请往，赂之以执斫、执针、织纴皆百人"。执斫指木工；执针指女缝工；织纴指布帛工。一次就贿赂他国300名有手工专长的人，可见鲁国的手工业也有一定的发展规模。正是由于鲁国手工业内部分工的细密及手工业的发展，鲁国后来出现了许多能工巧匠。《韩非子·说林上》说："鲁人身善织屦，妻善织缟。"是说鲁国有个人，他自己擅长编织鞋子，妻子擅长织绢。这是同一家庭中夫妻二人各有所长的例子。春秋末年的著名工艺家公输般，即鲁班，他一人多能，几千年来，一直被人们尊奉为木工、石工、泥瓦工等部门的祖师。墨家的创始人墨翟也是与鲁班齐名的能工巧匠。鲁班、墨翟同出于鲁国，这绝不是偶然的。

虽然鲁国的手工业有一定规模，但是他的产品可能很少用于交换，其为贵族服务的性质比较明显。除个别门类与下层人民的社会生活有一定关涉外，如宫殿建筑、酒的酿造、战车制造、铜器铸造、华美的织品，特别是鲁城中发掘出土的

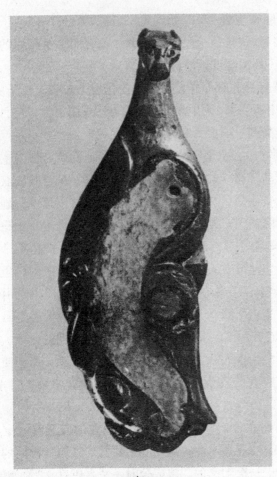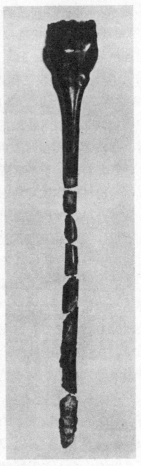

图 99 鲁城东周墓出土器物（选自《曲阜鲁国故城》）

1. 鎏金镶玉铜带钩 2. 牙雕

车马器、服饰器、金属容器和兵器，还有一些瓷器、玉石器、漆器、料器、骨牙蚌器、串饰、博具等，都与贵族生活有关（图99）。

鲁国手工业的上述特点，也决定了其商业经济发展的步履十分缓慢。货币经济的发展，要求有浓厚的工商业为之提供货源，但是鲁国的手工业却不能促进商品经济的发展。又由于地理环境的特点，鲁国不像齐国那样带河蔽海，有渔盐之利；也不像秦、晋那样与少数民族接邻，交换关系的发展也受到了明显的限制。所以迟至春秋后期，由于交通的发展和生产关系的变化，商贾之风才缓慢兴起。

工商业的发展程度与人们的意识有重要关联。鲁人认为"财不过用"，这使他们极易满足现状。鲁国的工商业既然不是社会经济的主要组成部分，那么，内部分工的发展就受到限制，以至于百工身份低下，甚至被作为贿赂品送给他国。春秋中期以前，具有专门技艺的工匠和手工业作坊都掌握在官府手中，很少突破"工商食官"的牢笼，虽然后来的个体手工业者已走向市场经营，即所谓"百工居肆以成其事"，但是其规模仍然比官营手工业小得多。

"财不过用"的观念后来发展成为"食禄之家，不与民争利"。鲁人的这种观念非常强烈。孟献子就明确地说："拥有四匹马拉车的大夫，就不应该再去计较养鸡养鸭之类的小利；能够享受凿冰丧祭的卿大夫，就不应该再饲养牛羊获利；达到拥有百辆兵车的卿大夫，就不应该收养那种只顾聚敛民财的家臣，与其有这种聚敛民财的家臣，还不如有那种盗窃府库财物的臣子。"鲁国的大夫臧文仲让家人织席贩卖，取利以富家，受到孔子的严厉批判。鲁穆公的相公仪休就规定为官者不许和百姓争利，有俸禄收入的不许再贪图小利。"使食禄者不得与下民争利，受大者不得取小"，甚至吃自家园中的葵菜好吃就命令把自家的葵菜拔掉，见自家织的布好就把妻子赶出家门，把织布机烧掉。并且声明这种做是不想让农民、织妇无处卖掉他们的产品。鲁人的这种做法当然是为了促进社会分工，让"农士工女"各守其职，但这种做法也表明鲁人相信"财不过用"，"农士工女"各获其利，而不要兼利，兼利就会使人萌生贪婪的念头，引起社会不稳定。这与齐国不同，齐国工商业发达，人人逐于利益，认为财富多多益善，像管仲那样的贤臣也聚敛财富，与民争利。

（五）鲁人饮酒，"德将无醉"

在后世鲁地的社会风俗中，处处可见儒家文化影响的痕迹。在饮酒习俗中，自然也少不了儒家文化的影响。且不说与酒有密切关联的诸如孔府宴中"诗礼银杏"之类的名馔，即使是饮酒本身，不少饮酒者也往往把"唯酒无量，不及乱"奉为座右铭。本来鲁人酿酒，为了防止饮者沉醉，力求酒味清淡，形成了"鲁酒薄"的特点，而鲁人对于这样不易沉醉的酒还是不敢放开胸怀饮用，他们在饮酒的时候，尽量做到"德将无醉"（图100）。

在饮酒方面，不同地区的人们习性爱好不同，鲁人喜欢味道清淡的薄酒而且饮酒有节制，恰与楚人或者齐人形成鲜明的对比。

楚人喜欢大量饮用烈性酒。楚国贵族有明显的"逞志穷欲"、"穷身永乐"的一面，关于这一点，从《楚辞》中的《招魂》、《大招》等的描写中看得十分

图100 鲁城东周墓出土酒器——铜镳壶

清楚。战国时期,楚国的贵族崇尚侈靡,"生则厚养,死则厚葬";在饮食方面,《招魂》写到的"大苦咸酸,辛甘行些",证明其调味以辛辣酸甜为佳。楚人饮酒也多喜欢浓烈、刺激,所以楚国有"奠桂酒兮椒浆"、"援北斗兮酌桂浆"的句子。"桂酒"是以肉桂所泡之酒;"椒浆"、"桂浆"是以椒实、肉桂所制之浆。他们甚至喜欢在夏天饮用冰酒,所以《招魂》中写到:"挫糟冻饮,酎清凉些。"《大招》中也说"清馨冻饮"。由楚人的这些生活习性来看,楚人喜欢酒性的浓烈是很正常的。

齐人在酒的浓度要求方面不如楚人高,但却是豪饮不限量。齐威王时期,齐国以辩才闻名的大臣淳于髡,受到威王的激赏。一次威王问他的酒量,他回答说"臣饮一斗也醉,饮十斗也醉。"威王很是不理解,他便仔细解释道:"在大王面前饮酒,臣战战兢兢,饮一斗就醉了;如果我父母那里有贵客,臣小心翼翼向他敬酒,饮二斗也要醉了;如果是朋友交游,谈天说地,臣饮五六斗也就醉了。如果乡里聚会,男女杂坐,无拘无束,臣饮八斗酒也只有三分醉意;如果私家宴饮,喝到杯盘狼藉,堂上蜡烛熄灭,主人还情意绵绵,私下留下微臣我,而送别其余的客人,这时候,臣最为开心,能饮一石。"从淳于髡的话里可以看到,当时齐国社会很多场合都要饮酒,无论是在国君面前,还是宗族客人相聚、州闾之会以至于朋友相聚,酒已经是不可或缺的尤物。而且我们也可以看出齐酒也不是非常浓烈,高兴起来饮"一石"也不醉。

而鲁国恰恰相反,鲁国酿造的酒不仅清淡,而且鲁人也不敢随便饮酒,一般人只有在祭祀的时候,才可以饮用酒,而且必须是在祭祀完毕,拜谢"尸"(代替祖宗受祭的人,一般为死者的孙辈)以后,家族举行家宴的时候,方可饮酒,而且必须保证"德将无醉"。在鲁人看来,喝酒是用来联欢的,是用来增长宗族之间感情的,而不是用来放纵身心的,如果纵酒无度就会滋生祸端,就会引起诉讼案件的增多。士大夫饮酒，也有先王制定的饮酒礼的约束，在种种礼仪程序中，喝酒的时间虽然被延长，但是进酒的次数却在减少，从而也就减少了饮酒量。饮酒礼包括敬酒、回敬酒、酬酒等规定，在这种饮酒过程中，宾主双方需要多次跪拜，所以，即使整天饮酒也不至于喝醉。而在接受国君赐酒的时候，要求更严，以三爵为限，"受一爵而色酒如也；二爵而言言斯，礼已；三爵而油油"，要做到肃静潇洒，决不能失态。

为什么鲁人对酒如此有戒心呢？这要从周公说起，鲁国是周公之子伯禽的封国，鲁国的文化习俗受周公影响极深。周公在周初的历史舞台上，地位十分显著。周初的一系列大政方针都是由他主持制定的。对于诸侯国的统治自然也是如此，《尚书》中的《酒诰》篇就是周公所做。殷朝末年，商纣王"荒腆于酒"，天下化之，大大小小的贵族也"率肆于酒"，可以说殷人的酗酒成风在中国历史上是非常出名的。周公对这种行为是深恶痛绝的，认为这是亡国的祸端，所以在教育周室子孙的时候，周公特别强调要以殷人为鉴戒。当时周公的小弟弟康叔被封在卫国，而卫国的封地在殷都旧地，沾染的酗酒恶习更加厉害。周公非常担心康叔，怕他年龄较小，于是告诫他商纣王之所以亡国，其原因就在于"淫于酒"，商纣之乱就始于"酒之失"，所以他反复叮咛弟弟千万不要因酒误政。在《酒诰》中，周公先命令康叔宣布戒酒之令，又告诉康叔戒酒的重要性以及戒酒的方法。所以有学者称《酒诰》是中国最早的戒酒令（图101）。

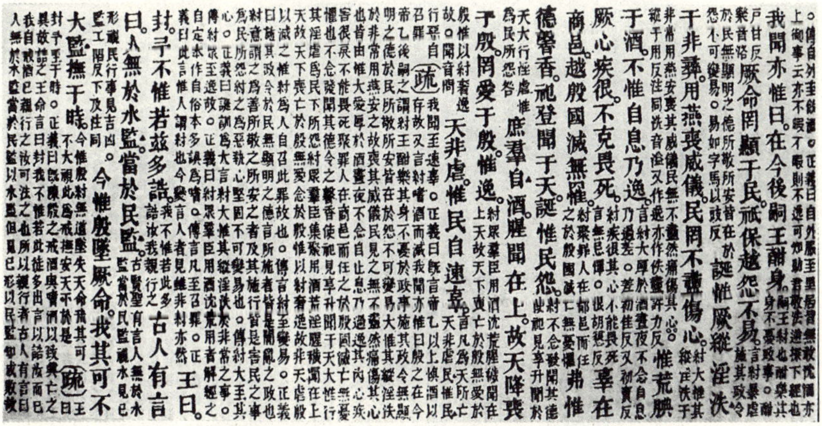

图 101　《尚书·酒诰》书影

周公在《酒诰》中宣布禁酒，但并非一概而论，对周人与殷遗民是区别对待：如果周人聚饮，不要放过，要把他们全抓起来送回宗周，政府将杀死他们。而对于殷人要宽容一些。如果是殷遗民中的普通人，他们经商以孝养父母，父母高兴的时候可以饮酒；如果是留任的殷旧臣或者工匠沉湎于酒，先不杀他们，努力教育他们，如果仍然不改过自新，那就要严厉惩罚他们，把他们一律杀掉。

后来，周康王也认真总结殷商灭亡的教训，大盂鼎铭文明确地记录了他在这方面的言论，说，周文王接受天命，在武王时建立周朝，他们摒弃商朝的邪恶，抚有天下，治理人民。在治事的时候绝不敢沉湎于酒，即使举行祭天大礼的时候也不敢喝醉。后人只有坚持这种做法才能长久地保存周的天命（图102、103）。

由此可见，周初对于酒的限制还是比较严的，受周王室影响较大的诸侯国就是鲁、卫了。鲁、卫两国有许多共同点。《左传》定公六年记卫国人公叔文子的话说："大姒之子，唯周公、康叔为相睦也。"大姒是文王妃，周公、康叔

图102　大盂鼎

图103　大盂鼎铭文

同为文王与大姒的儿子。周公是鲁国的始祖，康叔是卫国的始祖，所以孔子说："鲁、卫之政，兄弟也。"周公对鲁、卫两国是寄予厚望的。当初，伯禽封于鲁、康叔封于卫时，两国分别分得"殷民六族"、"殷民七族"，所受封地都是殷商势力较为顽固的地区，因此两国的治国策略也大致相同，即"皆启以商政，疆以周索"。康叔在卫，教化臣民不要经常饮酒，若饮须以不醉为量，即《酒诰》中所说："饮唯祀，德将无醉。"与之相似，伯禽在鲁，也"变其俗，革其礼"，用了很大的气力改变当地人的风俗。鲁近夷地，与之紧邻的邾国便"杂有东夷之风"，而夷人本"喜饮酒"；另外，鲁地原来是奄人的地盘，曾为殷商旧都，而且终殷一朝，奄国与殷王室来往密切，甚至在西周初年，奄君鼓动纣王的儿子武庚发动叛乱。所以这里可能受殷商"率肆于酒"的风气熏染很深。伯禽在变更当地人的旧有习俗时，可能对这种风尚也有所限制。后来孔子所说的"唯酒无量，不及乱"，与《酒诰》中所要求的以德相扶持，无使至醉，其精神是一致的。

　　周代的饮酒之风在周初比较收敛，这与周公的戒酒命令当然不无关系。然而，对于一种社会风俗来说，单靠行政命令制止或者提倡，很难有显著成效。周初的禁酒令就是如此。周代的贵族并没有因为有周公的禁酒令而停止酗酒，周代后期，酗酒之风也较为严重，而且贵族醉酒之后，丑态百出，《诗经》中的一些篇章就生动描绘了周代贵族酗酒的场面，"载号载呶"，全没有一丝遵从礼仪的斯文姿态。

然而，从先秦典籍中，还找不到鲁人沉酒误政的记载。自从"日耽于酒"的周幽王被犬戎杀死在骊山之后，周王室彻底衰落下去，而作为姬姓"宗邦"、诸侯"望国"的鲁国就成了各国殷勤执礼的对象。在这种情况下，鲁国更加牢记周公的训导，在传播宗周文明方面以表率自居。这样，鲁国在酿酒时，为了防止饮者沉醉，而有意使其味道清淡便很容易理解了。

（六）两组墓葬，风格迥异

丧葬是宗教的产物，它的起源和发展与人们的灵魂不灭观念紧密相连。在灵魂不灭观念的支配下，人们对于死者的埋葬越来越重视，由此生发了对于葬式、葬具的讲究，还注重随葬物品，注重生者送死的仪式、注重对死者的祭悼等。

我国的先民也是视"死"如"归"的。他们相信人死后还有灵魂的存在，这个灵魂可以称为鬼。《说文》上就直接说"人归为鬼"，认为人们死去只是回归到原来的地方，并密切注视着人间的活动。对生者而言，要"事死如事生，事亡如事存"，要谨慎地对待死者的丧葬和祭祀。

然而，从石器时代到夏商时期，人们对死者的埋葬方法以及祭祀方式都有显著的变化。周人的情况也是如此，周人与殷人为不同的氏族，他们在丧葬制度方面存在一定的差异。周人对殷礼进行了损益改革。葬礼在礼制中占有重要的地位，丧葬制度方面的情形在很大程度上可以反映周人对殷人的统治策略，反映当时的社会关系。鲁国有周人、殷人以及原居于此地的奄人，从鲁国的丧葬制度情况，可以使我们洞察鲁人社会关系的真实所在。

1977春到1978年冬，文物考古工作者在对鲁国故城的大规模勘探试掘中，共试掘了两周时期的墓葬129座。这批墓葬从周初开始，一直延续到战国中期，分别属于几处墓地。从四处西周墓的随葬器物和葬制观察，除其中一处外，其余三处墓地的墓葬比较一致，而同另一处西周墓之间存在着显著的差异。因此发掘者认为这四处西周墓是属于两个类型的。

鲁城内迥然有别的两组墓葬显然说明他们本来有不同的社会风尚，应为两个不同的族属。发掘者把这两组不同类型的墓葬分别称为甲组墓和乙组墓（图104）。乙组西周墓随葬品都与灭商以前的周人墓作风一致，墓地中有两座有名的铜器墓，墓主人名为鲁伯念和鲁仲齐，后者是鲁国的一个司徒，肯定是鲁宗室的成员，所以可以断定乙组西周墓为周人墓。甲组西周墓的风格与乙组西周墓迥然有别，而与商人墓的风格相似，可以肯定甲组西周墓不是周人墓。

根据这次田野发掘报告专集的介绍，两组墓葬的差别至少在以下三个方面表现得十分显著：

第一，葬式葬俗方面。甲组西周墓的人架头向基本是向南，向北的是个别现象；乙组西周墓则基本上向北，向南却是个别现象。甲组西周墓盛行殉狗的腰坑，有些小墓虽无随葬器物，但都有腰坑殉狗。相反，乙组西周墓绝无腰坑殉狗的风俗。在器物放置方面，甲组墓基本上放在椁底的棺椁之间，或在头部，或在身侧；乙组墓则多半放在二层台和椁顶上，一般放在头部。

第二，在陶器组合方面。甲组墓的器形种类较多，有一种成偶数的组合，如四鬲、四簋、四罐、四豆，另加一至两件别的器物。这种陶器组合原则似乎在西

图104　鲁城甲组西周墓葬（选自《曲阜鲁国故城》）

周以前就已经形成，一直延续到春秋时期。与之相反，乙组西周墓的陶器组合器类比较简单，一般都只有鬲、罐两种器形。鬲绝大多数是每墓一件，个别的有两三件。罐每墓2和4件者占有多数，每墓3和6件者也有，个别的多达15件。同一墓中的罐，形制几乎都不一样。一墓2罐者，不是器形不同，便是大小有别；一墓4罐者，基本上按一、三的比例配组，也就是三罐相同，一罐相异。这些大小形制有别的罐，可能属于不同的器形，但由于都是明器，看起来似乎相同，实际则不然，必须细心分辨方可明白。这种情形在甲组墓中虽然也存在，但

是仅有几墓，并非主要的组合形式，不像乙组西周墓那样普遍。而像甲组墓那种主要器类成偶数的组合方式，在乙组墓中根本见不到。

第三，在器物方面。甲组墓流行簋、豆等圈足器。鬲有两种：一种是明器，制作不很规整，器形很小，时代较早；其余的明器和实用器都是绳纹鬲。陶器制作比较精美。乙组西周墓则完全不见簋、豆等圈足器，也没有盂，鬲完全是仿制铜器的有扉鬲，陶器的制作比较粗陋。

两组墓葬不仅存在着如此明显的差异，而且各自也有其发展变化的过程，从墓葬制度、随葬器物等方面都可以看出来。如葬俗制度方面，甲组墓殉狗的腰坑流行于西周时期，春秋早期仍有孑遗，以后就完全消失了。西周时期，甲组墓中有并列墓，但单人墓是主流，至春秋后期并列墓普遍起来。西周时期的乙组墓中未见明显的并列墓。至春秋末战初，在乙组墓中出现了夫妻同穴墓。

墓葬制度的差别反映了社会风尚的不同。发掘报告也得出结论说："甲组墓从西周初年至少一直延续到春秋晚期，这个事实说明当地民族固有的社会风尚曾牢固地、长期地存在着，并经历了自己发展变化的过程。同样，乙组墓也有自身的发展规律，并没有'随风从俗'。虽然春秋战国时期这两组墓葬的资料不全，但是，从甲组的春秋晚期墓和乙组的春秋末战国早期的墓葬来看，两者的区别仍然是巨大的。前者的陶器组合以簋、盖豆、笾、华盖壶等圈足器为主，都有盖。后者的陶器组合则以釜、罐、壶、罍为主，都不带圈足，没有盖豆，壶则是罐式平底壶，与甲组墓的华盖壶大不相同。这两者之间区别如此之大，似乎反映了直至战国早期，这两种不同类型的墓尚未融合为一。"

古人讲究"慎终追远"，对丧葬十分重视，丧葬之制中保存古礼较多，因而丧葬之礼也最具有代表性地体现着文化传统。鲁城中风格迥异的两组墓葬，引起我们的深思。由此可见，伯禽等鲁国的统治者并没有硬性地以周制改造殷制，他们对殷人所实行的依然是周公时的怀柔和拉拢政策。

诚然，周初，伯禽在鲁曾经"变俗革礼"，但是"变俗革礼"主要是针对当地奄人进行礼俗改革。伯禽并没有把周人的传统习俗完全强加给殷遗民，也就是说并没有彻底改变殷民的风尚，不仅如此，伯禽实际上还推广了殷人的礼俗，比如为死去的父母行三年丧就是殷遗民的风俗，而伯禽就把这一风俗推广到了周人与奄人中间。现在，鲁城内迥然有别的两组西周墓葬就说明了这个问题，而且也只有这样理解，才能很好地解释终鲁之世两类不同的墓葬长期共存于一个都城之中的现象。

在鲁人的习俗里，特别重视"饭含"。值得注意的是，鲁国故城勘探发掘中，在乙组 39 座西周墓中，有 11 座墓中的死者口含石子，其中，有一个加工成了贝形，个别的呈磬形，其余的都是自然圆石子。乙组西周墓是周人墓，不知这种口含石子之风是否与丧葬之仪中的饭含有关？有的学者认为口含小珠是东夷人的风俗，因为在兖州王因的新石器时代的墓葬中，发现有些人骨嘴里放着石珠或陶珠，他们还根据有的因"长期挤压而使牙床发生了变形"，推测这"说明是在骨质尚未硬化的儿童时期就一直含着的"，是否如此，尚待证明。但是周代的饭含习俗由此可以推论是渊源有自的。

鲁国故城乙组周人墓和甲组殷人墓虽然都是南北方向，但是周人墓中的死者基本上都是头朝向北，这与《仪礼》的要求是一致的，而殷人后裔的墓葬，死者头向基本朝南。

（七）事死如事生，事亡如事存

考古发掘揭示了鲁城中的墓葬，而今，他们虽然只有枯骨残存，然而，当年人们为了埋葬他们却煞费苦心。鲁国受周代礼乐文化与儒家文化的影响很大，两者都注重对亲人的丧葬与祭祀，所以鲁人格外讲究"事死如事生，事亡如事存"，他们为死去的亲人举行的丧葬仪式大都是隆重而繁琐的。

《仪礼》中有《士丧礼》，《礼记》中又有《杂记》、《丧大记》、《檀弓》等篇，使我们可以较为详尽地了解鲁国当时士阶层丧葬之礼的具体仪节（图 105、106）。礼学专家沈文倬先生认为："《仪礼》书本残存十七篇以及已佚若干篇的撰作时代，其上限是鲁哀公末年，其下限是鲁共公十年前后。"而且其中的《士丧礼》是鲁哀公命令孺悲前往孔子处学习后重新厘定的。著名学者顾颉刚先生曾说："《礼记》所说足以代表鲁国人的思想。"而且《礼记》中还有很多对鲁人丧葬之礼的直接记载。我们可以根据这些礼书的记载，寻找鲁人生者送死的风俗（图 107）。

鲁人从死到葬要经历一系列复杂而烦琐的礼仪。

病人临死前，家人要安置他头向东，躺在房屋的北窗下，还要撤除琴瑟等乐器。眼看病人支撑不住时，要将室内外收拾打扫，接着为病人换上新衣，还要撤床，让病人躺在地上，据说，这是因为人生于地，气绝时仍要吸收大地生气。另外有两点颇受重视，其一，要死于自己的正室；其二，要避免死于异性之手。国君的正室是路寝，而鲁僖公死在平时燕安的小寝里，《春秋》便隐含讥讽之意，说他贪图安逸，应该移居路寝而没有移。成公十八年，"公薨于路寝，言道也"。

钦定四库全书总目仪礼注疏十七卷

汉郑元注唐贾公彦疏仪礼出淹阙之余汉代所传凡有三本一曰戴德本以冠礼第一昏礼第二相见第三士丧第四既夕第五士虞第六特牲第七少牢第八司徽第九乡饮酒第十乡射第十一燕礼第十二大射第十三聘礼第十四公食第十五觐礼第十六丧服第十七一曰戴圣本亦以冠礼第一昏礼第二相见第三其下则乡饮第四乡射第五燕礼第六大射第七士虞第八丧服第九特牲第十少牢第十一有司徽第十二士丧第十三既夕第十四聘礼第十五公食第十六觐礼第十七一曰别录本则古文大昏今文昏向别录本则郑氏所注贾公彦疏别录尊卑吉凶次第伦序故郑用之二戴尊卑吉凶杂故郑不从之也其经文亦有二本高堂生所传者谓之今文鲁恭王坏孔子宅得亡仪礼古文十六篇其字皆以篆书之谓之古文而不从今文彦僎齐黄庆隋李孟悊二家之疏定为今本其书自明以来刻本讹误甚顾炎武日知录曰万历北监本十三经中仪礼脱误尤多士昏礼脱绥姆辞一节未教不足与为礼脱也一节十四字赖有长安石经据以补此一节而其注疏遂亡乡射礼脱拜拜者苔拜十一字少牢馈食脱以授尸本元后有王肃注十七卷见于隋志然其义之重见于北史又有无名氏二家见于隋志皆不传故贾公彦疏序称周礼注者有多门仪礼注者则有诸贾公彦所说后郑而已则唐初肃等早吉凶杂者之义疏有于沈重见于北史又坐取筹毕宾出七字此则秦火之所未亡而亡于监刻矣云亦代章与七字刻有讹粹不能校故纰漏至于如是也今参考诸本一一整正著于录焉

图 105 　《仪礼注疏提要》书影

成公在路寝去世,《左传》就说这属于正常情况。除了被弑身死、逃亡、暴死等异常情况外,鲁君庄公、宣公、成公、定公都在路寝去世。因此,大夫、士人临死的时候,他的家人要特别注重一些具体的仪节,一定要把他移居到正室,一定不能死于妇人之手。

死者死于正室后,用特制的殓被盖上,然后举行招魂的仪式,招魂的人数依死者的地位高低而有不同,为天子招魂要 12 人,为诸侯招魂要 9 或 7 人,为士招魂仅需要 1 人。主持招魂的人称为"复者",复者手持死者的衣领,站立在屋顶上,面对北方连续三次呼唤死者的名字,使其魂魄归来。为死者复魂,为的是表达生者最后挽留死者的爱心。招魂而不得复生,就要开始料理后事了。于是把死者从地上迁到南窗下的床上。因担心死者的口闭得太紧,先用角柶柱张其口,以便于后来纳"饭含",再用几案将死者的双足固定,以便于后来为其穿鞋,再用酒食等食物放置在死者的东侧,以祭奠死者。忙完这些就要发讣告,将噩耗告诉给亲友。亲友收到讣告要亲自或者派人前来吊唁死者。还要向死者赠送衣被。主人要制作"铭",就是把写有死者名字的旗帜以长三尺的竹竿放置在堂前西阶。然后用淘米水为死者沐浴,根据死者的身份进行"饭含",天子用珠,诸侯用玉,大夫用玑,士人用贝,庶民用谷物。

"饭含"之后就要为死者穿衣,除内衣外,共穿三套,称为"三称"。这时,死者的神主还没有制作出来，所以临时用一个长三尺的木头做一个"重"来代替，作为死者亡灵的象征。

前面的一系列工作都是在死者去世的当天完成的。士人死后的第二天一大早就要小殓了，即为死者穿入棺寿衣。在穿寿衣前先要小殓衣物，小殓衣物19称，当然死者着装，19称衣物"不必尽用"。其中有祭服、有散衣，不可颠倒，且以最漂亮的衣服放在中间。小殓以前陈列衣物，士如此，自天子至于庶人都是如此。在陈列入殓的衣物时，不能陈列内衣。季康子的母亲死后小殓的时候，陈列衣物，连内衣都陈列出来了，他的从祖叔母敬姜说："平时妇女不装饰不敢见公婆，现在将有四方的宾客前来吊唁，内衣怎么能陈列出来呢？"下令把内衣撤掉。

图 106 《仪礼》书影

陈列完毕，就要举行着装仪式。在士人的丧礼中间夜晚要焚柴"设燎"，天亮时再灭燎。小殓的次日也就是死后的第三天举行大殓。大殓礼更隆重，如大殓所用的衣服，士要30称，而小殓只有19称。当然死者地位不同，用衣数也不同。大殓过后，死者棺柩要在特定的地方停留一个时期，称为殡，殡期的长短依死者的地位而定。大夫至庶人都是三日而殡，三月而葬。殡期将满时要进行卜筮，以确定葬地和葬日。埋葬前二日的傍晚，主人将出殡日期告知宾客。埋葬前一日，移灵柩入祖庙停放，并举行奠祭，意思是将死者与祖先汇聚在一起。然后下葬。下葬前要准备好随葬器物，主要是一些冥器。然后柩车出动，主人、宾客同到墓地，灵柩入穴时，主人面西，主妇面东，不哭，穿土下棺之后，主人、主妇大哭，还要哭踊，也就是边哭边顿脚跳跃。下葬后，主人、宾客回到祖庙，主

图 107　孔庙祭祀礼仪

人再次哭踊，宾客安慰主人，主人谢送宾客。最后将死者神主依辈分安放在祖庙的相应位置，与祖先一同受祭，称为"祔"。"祔祭"之后，整个丧葬礼告一段落。而后，新死者神主仍奉回家中供放，两年后方迁入祖庙。然后死者亲属进入服丧期间，在饮食、衣着、起居诸多方面尚有一定的特殊制度。

孔子的弟子子游曾经说过，人死后移放南窗之下、第一天饭含、第二天小殓、第三天大殓、停殡三月、三月后出葬，这整个丧事的进程，都表示随着时间的推移，死者渐渐远去，因此办丧事是有进有退的。所以丧事一经操办，不准无故推迟或者把程序颠倒。

鲁人死后，不能再直接称呼死者的名字而称呼以"谥号"。鲁人定的谥号与生前的行为一致。若是平民百姓或者低级的士大夫，不能得到国君赏赐的谥号就要门生弟子或者亲朋好友私定个谥号。鲁人崇尚礼义，多有礼义之士，甘于贫穷，但是这些人不闻达于世，他们死后，往往由亲友定一个私谥。鲁黔娄先生死后，曾子及其门生前往吊唁，问道："先生之终也，何以为谥？"黔娄先生的妻子回答说："以'康'为谥。"曾子非常不解，因为黔娄家贫，死的时候穿着没有外表的粗布衣袍，盖着粗布被子，而且被子太短，以至于手和脚无法一起放进被子里，盖住头脚就露出来了，盖住脚头就露出来了。但是他的妻子认为他淡泊名利，"求仁而得仁，求义而得义"，他的谥号定为"康"是最合适的，曾子也心悦诚服。另如，鲁国著名的贤者柳下惠，他本名为展禽，也是因为死后的私谥为"惠"字而号称柳下惠的。柳下惠生前仅为一个下大夫，官卑职微，但是品行高洁，死了以后，他的妻子亲自为他写悼词，并认为"夫子之谥，宜为惠兮"，从而定下谥号为"惠"。

　　鲁人提倡父母合葬。鲁国贵族季武子建成了一座住宅，杜家的墓地就处在住宅西阶的下方，杜家请求将后死者合葬在先死者的墓穴里，季武子答应了，还说："合葬，非古也。自周公以来未之有改也。"而且还不止一次说过"周公盖祔"，看来鲁人遵照周公的做法，一直奉行合葬。孔子就将父母合葬在防山，采取何种方式合葬，孔子还进行了一番比较，说："卫人之祔也，离之；鲁人之祔也，合之，善夫！"意思是说卫国人的合葬方式是分为两个墓坑并排安葬的；而鲁国人的合葬方式是两个棺材同葬在一个墓坑里，孔子认为鲁国人的合葬，才是真正的合葬，于是决定按照鲁人的方式将父母合葬。但是当时孔子的父亲去世已多年，孔子根本不知道父亲的墓地，可是他仍然坚持合葬父母，他将母亲的灵柩停放在五父之衢，为的是打听父亲的墓地，果然听说有人曾经帮助安葬过他的父亲。孔子知道父亲的葬地后，孔子将父母合葬（图108、109）。

　　鲁人认为"妇，养姑者也"，媳妇在婆婆生前要尽心服侍，而在婆婆死后要尽哀服丧。服丧期间，媳妇要特别注意仪容，从丧服到发髻都要注意。南宫绦的妻子，是孔子的侄女，她的婆婆去世了，孔子曾教她做丧髻的方法，说："你不要做得高高的，不要做得大大的，用榛木做簪子，长一尺，束在发根的带子，只能垂下八寸。"也就是说要注意谦恭，不要张扬。即使婆婆已经死去很久了，也要保持对婆婆的恭顺，在回答别人的问候时要冠以婆婆的名义，要申述婆婆对自己的教导，要一贯"事亡如事存"。如敬姜在回答季康子的问话时就说："吾闻之先姑曰……"。至于"亏姑以成妇"的做法，鲁人更是不能容忍。即使婆婆有过，也不能如此。季文子曾取来穆姜的椟与颂琴安葬齐姜，而穆姜是齐姜的婆婆，虽然穆姜曾干政，甚至欲废成公，然而，季文子的这种做法还是受到鲁人的严厉批评，认为是"非礼"，"逆莫大焉"。

　　鲁人在丧礼上尽量做到合于礼，尽量做到完满，但是他们更讲究"尽心"。鲁穆公的母亲去世了，派人询问曾子的儿子曾申该如何办理丧事，曾

图108　梁公林

申说："我听父亲说过，父母之丧，做儿子的，悲伤哭泣，身穿粗麻丧服表达哀悼之情，两餐喝粥，这些大的礼规，从天子到一般民众都是相同的，用麻布做帷幕，那是卫国的习俗，用绸帛做帷幕，那是鲁国的习俗。这类小节，倒不必强求一致。"只要内心悲伤哀悼父母，尽心就行，至于小事小节倒可以不必在意。

　　至于为父母办丧事的标准，鲁人认为应该和个人的家底相称。子游曾就这个问题问过孔子，孔子回答说："称家之有亡。"贫贱也好，富贵也好，老人生前要尽心服侍，老人死后，依家底尽心安葬就可以了。子路曾经感慨地说："贫穷真是可悲啊！父母在世，没有钱财奉养，父母去世又没有钱财办理丧事。"孔子却说："吃豆粥，喝清水，而能让老人开心，这样就可以称作孝了；去世了，衣被能够遮盖住头首四肢形体，入殓后就埋葬，没有外椁，只要办丧事的花费与自己的财力相称，这样就可以称作礼了。"

　　子思也曾说过人死了三日要入殓，凡是随着尸体入棺的衣物一定要尽心。停枢三月要去埋葬，凡是随着棺材入土的东西一定要尽心，一定不要有什么可后悔的。

图 109　启圣王墓

　　鲁人强调老人在世的时候，不能事先为他们置办完备殓葬用的各种衣物器具，要顺其自然，要一切从自己的悲痛行事。

　　鲁人讲究为父母办丧尽心，要悲痛要缩减饮食，但是也要节哀，不能因过度悲痛消瘦而危及生命，因为身体是父母的遗体，如果因为悲哀而致死，就断绝了后代。鲁襄公三十一年（公元前542年）六月，襄公去世，立子野，但是子野因为过度悲伤，于九月去世。《春秋》对这种损害父母遗体的做法不赞成，加以记载。《左传》则直接记载说："秋九月癸巳，（子野）卒，毁也。""毁"的意思就是过度悲伤而导致身死。

　　鲁人视死如"归"，一定要死得其所，一定要合乎自己的身份。曾子卧病在床，病情严重，弟了乐正子春坐在床下，儿子曾元和曾申坐在脚旁，有个少年侍者坐在角落，执烛照明，少年提醒曾子说："华美而又光滑，那是大夫用的竹席吧？"子春呵斥少年说："住口！"但是曾子说："对，这是季孙赠送的，我没能换掉它。"儿子曾元不忍抬动病重的父亲，曾子说："我现在只求能合乎正礼的死去。"于是大家抬起曾子，换了卧席，放回席时，还没放稳，曾子就咽气了。

叔孙穆子是鲁国的次卿，他生前曾得到周天子赏赐的路车，但是一直没有使用，他死后，他的家宰杜洩打算用路车随葬，并全部依卿的葬礼安排。当时季武子为正卿，阻止这种做法，但是杜洩拒不从命，并说："若命服，生弗敢服，死又不以，将焉用之。"季氏不敢再次阻挡，同意了杜洩的做法。鲁人认为生前的车服宠命死后一定要用上，这时不用何时用？坚持"事死如事生，事亡如事存"。

死者被埋葬后，他的亲属接着就要服丧，服丧也是丧葬礼的一部分。丧期的长短，依亲属关系而定。最重的丧期就是妻子为死去的丈夫，儿子为死去的父亲，或者父亲已不在人世，再为死去的母亲，都要服丧三年。在这三年期间要身穿斩衰的丧服，当然丧服会根据守丧时间的阶段而缩减要求，比如开始穿粗麻布丧服，周年祭后可以穿柔软一些的练服，但是还是不能扔掉斩衰，会见宾客还是要换上斩衰服。而且，服丧期间要离开自己燕居的住所，住在简陋的窝棚内。此外，还有很多的禁忌，如不能近女色、不能吃酒肉、不能听音乐、不能唱歌等等。守三年丧，实际上是满二十五月，然后举行大祥祭、禫祭，就可以除服，恢复正常的生活了。

平民百姓如此，鲁君也是如此，但是鲁君的行为有些变通。如：国君死后，嗣君要为他守丧三年，但是嗣君不可能离开舒服的公宫三年，而是在国君死到下葬这段时间暂时离开公宫，居于外地。如：庄公三十二年，庄公死，立子般，"次于党氏"；襄公三十一年，襄公死，立子野，"次于季氏"。等到葬礼结束就可以回到公宫，但是要继续守丧三年，三年丧满，要举行变丧事为吉事的吉禘，然后就可以恢复正常的祭祀了。

丧期结束后，笼罩着哀伤气氛的凶礼就结束了，但是对死去亲人的祭祀并没有结束，而是祭祀的气氛变了，变为虔诚祥和的吉礼。

对鲁人来说，"哀哀父母，生我劬劳"，父母生养之恩可比天地，父母死后，向他们定期祭祀是尽孝子之心。鲁人讲究"祭思敬"，为了至诚至敬地进行祭祀，主人事前必须独处一室进行斋戒。"斋之日，思其居处，思其笑语，思其志意，思其所乐，思其所嗜。斋三日，乃见其所为斋者"，由此可见，参加一次祭祀就犹如参加了一场惊心动魄的与祖先心灵交融的约会。这是无形之中心灵净化、道德升华的微妙历程。自己严肃地参与祭祀，要做到祭祀时就好像面对祖先魂灵一样，毕恭毕敬，决不能敷衍了事，即所谓"祭如在，祭神如神在"，在祭祀完毕，也要保持肃穆的心情，不能紧接着尽情欢乐。鲁人真正做到了"重祭事，如事生"（图110）。

图 110 祭孔礼仪

七　鲁国掌故

（一）保护生态，里革断网

里革即鲁国太史克，精通礼仪，长于辞令。鲁文公十八年，曾经代替季文子回答为何要义逐弑父来鲁的莒国太子仆，义正词严。而且，据说还作有《鲁颂·駉》歌颂僖公的深谋远虑，为国蓄养大批的战马。此外，《国语》上记载有里革"断罟匡君"的历史小故事。

一年的夏天，鲁宣公在曲阜城北的泗水深处张设渔网，准备大量捕鱼（图111）。里革知道后，二话不说，将渔网割断，丢弃在岸边，然后才转过身来，面对惊讶万分的宣公拜了拜，说："您没听说过吗？关于捕鱼，古代是有训教的。古时孟春一月，严寒减退，土中冬眠的蛰虫初醒，这时管理河川湖泽的川衡、泽虞等官布设渔网、竹罶，捕捞大鱼和龟鳖等水产，献为祭品，供奉宗庙春祭尝新；然后允许全国捕捞食用，给国人增添营养。在春季，鸟兽交配怀孕，而鱼鳖等水货已经成熟，管理山林的山虞、林衡等官，便禁止张设罗网捕捞鸟兽，而川衡、泽虞等水官却可以用戈矛、渔网捕捉鱼鳖，制成鱼干以备夏天食用。可是到了孟夏正好相反，鸟兽已经长成，而鱼鳖等水产物却开始交配怀孕。所以水官便禁止使用各种渔具捕捞鱼鳖，保证鱼鳖的生长，而林官却可以挖设陷阱、使用各种狩猎器具捕捉鸟兽，这样祭品也能很充裕。而且，夏天是今后重大行为的财富储备季节，这一季节不准砍伐山林中的新生树苗，不准收取湖泽中尚未成熟的物产，不准捕捞幼小的鱼虾，不准猎取尚未长成的麋鹿、飞禽，要使幼兽、幼鸟得到保护和哺育。不仅如此，对于虫类，也不准寻取蚁卵、蝗子来制造食品。之所以这样做，是为了使有生命的万物得以繁衍生息。这是古代的训教。现在正是夏季，鱼类刚刚交尾生育，您却下令捕捉，甚至还张网捕捞，真是贪得无厌啊！"

宣公听了以后，心悦诚服，说："我发生过失，里革能加以匡正，这不是很好的事情吗？他的话合于正理古法，堪称深知捕鱼规则的人，使我学到了许多古代关于渔猎的法规。我要取回被里革断弃的渔网，好好收藏起来，以后我看到了断网就能想起他满含着深意的诤谏。"当时乐官师存正侍立一旁，他说："君主您收藏断网不如将里革置于身旁，这样更能使今天的深谏永志不忘。"宣公恍然大悟，连连称是。

从里革的阐述中，我们可以看出周代已经有了比较系统的山川林泽的管理与生态保护论，他提到管理山林的官吏叫做山虞、林衡，管理川泽的官吏叫做川衡、泽虞。他们都有一整套利用与保护林泽的管理措施，而其中最主要的保护措

图 111　曲阜城北泗河鸟瞰

施之一，就是猎取昆虫鸟兽与捕捞鱼鳖龟蜃都必须按照一定的季节。不仅如此，《逸周书》还记述了夏代"春三月，山林不登斧，以成草木之长。夏三月，川泽不入网罟，以成鱼鳖之长。"可见我国的生态保护思想渊源很早，生态意识的某些因素在我国两三千年前就已经产生。里革所阐述的生态理论至今不失其积极意义。

（二）一鼓作气，再衰三竭

庄公十年（公元前 684 年）春天，齐桓公出兵伐鲁。齐鲁之间展开了被后人盛赞为"中国战史中弱军战胜强军的有名的战例"的长勺（今山东曲阜北）之战。

当时，鲁国处于防御的地位，全国上下都处在惊慌之中，而"曹刿论战"成为转折点。

大兵压境，鲁人曹刿认为"肉食者"即卿大夫目光短浅，没有深谋远见，于是进见庄公，问他将凭借什么与齐军作战。庄公回答说："衣服和食物这些用来安身的东西，我不敢独自享用，一定把它们分给众人。”曹刿回答说：“这些小恩小惠不能遍及百姓，百姓是不会听从您的。”庄公说：“祭祀用的牺牲玉帛，不敢虚报夸大，一定如实反映。”曹刿回答说：“这是小信用，不能使鬼神信服，鬼神不会保佑您。治民应该以施惠为本，这样庶民就能归心君主；庶民和谐，神明才会福佑国家，所以您必须尽力对百姓布施德政。具体应该做到：役使百姓不违背季节时令，量入为出，国家的财政支出、政府费用不超过年度收入，使国家资财不发生匮缺。您只要做到了这些，那么役使庶民就会无不听从；求福于神，就会获得丰裕的降福。可是，您现在仅仅向庶民施以小恩小惠，庶民不会归心，而神明也不会因您一个人的祭祀就佑护您，您怎么能凭借这些作战呢？”庄公说：“你所说的为政措施很好，可是现在也来不及实施了。我对大大小小的诉讼案件，虽然不能详细审察一切，但一定按照实际情况处理。”曹刿回答说：“这是尽心尽力为百姓办事的表现，如果这样，可以凭借这点与齐军作战。懂得真心为庶民图谋，智慧即使不及，也必会得到庶民拥护，治理政事也必将如愿以偿。与齐国作战时，请让我一同前往。”

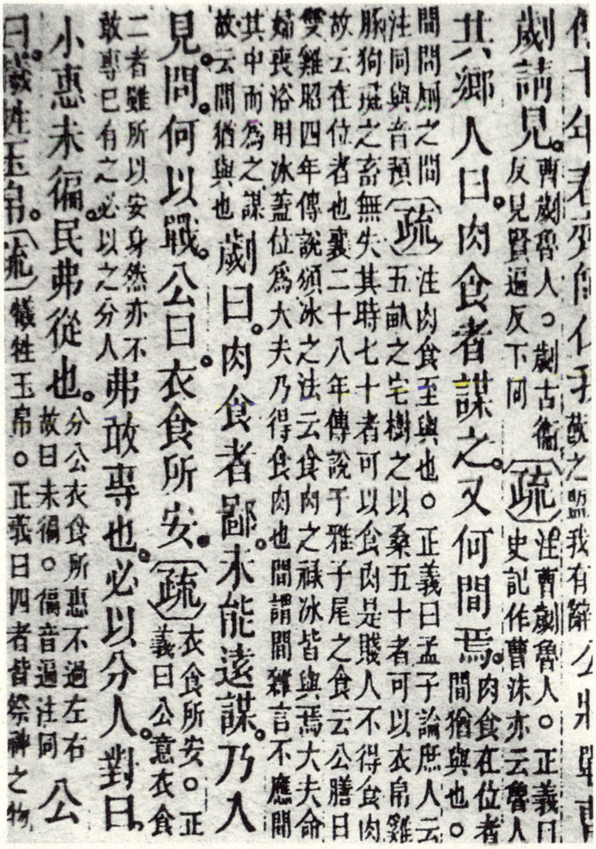
劌請見。劌，魯人。劌，古衛反。見，賢遍反，下同。疏 注劌魯人。正義曰：史記作曹沬，亦云魯人。
其鄉人曰：肉食者謀之，又何間焉。間，猶與也。肉食，在位者。
間，間厠之間，注同。與音預。疏 注肉食至與也。正義曰：孟子論庶人云：五畝之宅，樹之以桑，五十者可以衣帛；雞豚狗彘之畜，無失其時，七十者可以食肉。是賤人不得食肉，故云在位者也。襄二十八年傳說子雅、子尾之食，云公膳日雙雞。昭四年傳說頒冰之法，云食肉之祿，冰皆與焉，大夫命婦喪浴用冰。蓋位為大夫乃得食肉也。間，謂間雜，言不應間其中而為之謀，故云間猶與也。
劌曰：肉食者鄙，未能遠謀。乃入見。問何以戰。公曰：衣食所安，疏 衣食所安。正義曰：公意衣食二者，雖所以安身，然亦不敢專，已有之，必以之分人。弗敢專也，必以分人。對曰：小惠未徧，民弗從也。分公衣食，所惠不過左右，故曰未徧。徧音遍，注同。公曰：犧牲玉帛，疏 犧牲玉帛。正義曰：四者皆祭神之物

图 112　《左传》关于“曹刿论战”的记载

于是，庄公与曹刿同乘一辆战车，率军在长勺迎战齐军。战争刚开始，庄公就要击鼓进军，被曹刿阻止。齐军击了三次鼓，曹刿才请庄公击鼓进攻，齐军大败。庄公准备下令追击，曹刿说：“还不行。”跳下车，察看齐军兵车行过的痕

迹，登上车，靠着车前横木眺望齐军，说："可以追击了。"于是追赶齐军，一举把齐军逐出了鲁国。

打了胜仗后，庄公问其中的缘故，曹刿回答说："战争，靠的是勇气。第一次击鼓时，士兵们鼓足了勇气；第二次击鼓，勇气便有所衰落；第三次击鼓时，勇气就竭尽了。敌人的勇气竭尽，而我方却勇气正高涨充沛，一鼓作气，冲杀过去，所以能够战胜。然而，大国是难以测度的，我怕他们有埋伏。我看他们的车轮痕迹混乱，眺望他们的旗帜倒伏，确信他们已经溃败，所以追赶他们。"（图112）

曹刿在"论战"中，把士气的巨大作用和利害关系说得很明白。我们经常说的"一鼓作气，再而衰，三而竭"就溯源于此，从而演变出"一鼓作气"的成语。而且，这种后发制人、敌疲我打的战术，久负盛名。

（三）明礼贤妇，爱而无私

鲁国是一个礼仪之邦，孕育了许多明于礼仪的人物，其中不乏守礼、明礼的妇人，敬姜就是其中非常突出的一个。

敬姜是季悼子的儿媳，公父穆伯的妻子，公父文伯的母亲，季康子的从祖叔母。她博识通达，熟谙礼仪。穆伯死得早，她一直守寡，抚养儿子。她对儿子要求很严，教导他勤于修身，恪守职责。

一次，文伯外出游学回来，敬姜看见他自高自大，陪伴他的朋友犹如仆人一样侍奉他，便叫过儿子，以周武王、周公旦和齐桓公为例教导他应该选择严师贤友交往，这样才能不断地从交往中增长见识，帮助自己顺利成长。

后来，文伯担任了官职，敬姜告诫儿子为官应该负重任，行远道，始终正直不屈，宽舒大度。对于母亲的苦心教诲，文伯都虚心接受了。

然而，时间一长，文伯也慢慢地懈怠了。一天，他退朝后来拜见母亲，发现母亲正在缉麻。他非常不理解，劝阻母亲不要做这些低贱的活。敬姜叹息说："鲁国快要灭亡了吗？让你这样糊涂无知的人为官。"于是告诉儿子古圣先王治国的原则就是勤勉。上至天子，下至庶民，都要勤于劳作，努力创立功绩。还语重心长地劝诫儿子说："思想浮淫，懒惰懈怠都会使先人的业绩毁于一旦，我希望你一天到晚地提醒自己说：'千万不要废弃先人的遗教！'以此接受国君的官职。"孔子闻知此事后说："弟子们要记着，季氏家的这位妇女是没有任何邪淫思想的。"

文伯请南宫敬叔喝酒，尊大夫露睹父为上宾，进献菜肴时，露睹父发现分给自己的鳖很小，非常生气，说："等鳖长大以后我再来吃它吧。"说完便拂袖而去。敬姜知道以后，气愤地说："我从逝去的公爹那里听说：'祭祀之礼中以代死者受祭的尸为尊，而宴飨之礼中以上宾为尊。'你进献鱼鳖用的是什么礼仪，使得上宾发怒？"便将文伯赶出家门。五天后，经过众位大夫的劝解，方允许文伯回家。

文伯长大了，敬姜想为他婚娶妻室，便宴请兼管家中礼乐的宗人，向宗人吟诵《诗经·邶风·绿衣》的第三章。宗人请求取出家中世代珍藏的龟甲，用来占卜应娶妻室的族姓。鲁国乐师师亥得知此事后，感到敬姜做得既简朴又合于礼仪，说："这件事做得好啊！家庭大事的谋划有宗人参加，和宗人共谋就不会违背礼度。敬姜为儿子婚娶，赋引《诗经》微妙地向宗人喻示，用意甚明。引《诗经》借以表达心愿，并用歌声咏唱，这符合法度。"

后来，文伯和他父亲穆伯一样去世较早，他死了以后，敬姜告诫他的妻妾们说："我听说，喜好女色的人，女子能为他去死；喜好结交朋友的人，士人能为他去死。现在我儿短命而死，我讨厌他落一个喜好女色的名声。你们中有愿意留下来供奉先人祭祀的，请不要弄坏身体，不要痛哭流涕，不要捶胸顿足，不要愁容满面，丧服只能比礼的规定轻，不能重，一切遵从礼仪，平平静静，这才是显扬我儿子的功绩。"孔子就此事评价说："处女的智能不如妇人，童男的智能不如丈夫。公父氏的这位妇女可以说是有智能的。她想证明她儿子的美德。"

敬姜处理丧事，早上哭亡夫穆伯，晚上哭儿子文伯，这是为了避免寡妇夜哭思夫的嫌疑。孔子闻知此事后，再次由衷地称赞敬姜知礼，说她"爱而无私，上下有章"，也就是说敬姜对丈夫和儿子一样地爱，哀悼他们却有一定的章程。

敬姜曾到季氏家，季康子恰在家朝处理家政，和她说话，她缄口不言。康子便跟从她走到寝门，她还不答应，并走了进去。康子辞别家臣，入见敬姜，询问道："我不能听到您的指教，恐怕我是有什么罪过吧？"敬姜说："难道你没有听说过吗？天子和诸侯在外朝谋划民事，在内朝谋定神事。自卿大夫以下，在外朝处理公事，在内朝处理家事。寝门之内，妇女处理家庭内务。这种规定上下是相同的。外朝是你完成国君之命的地方，内朝是你处理季氏家政的地方，这些地方都不是我敢于说话的地方。"

季康子也曾到敬姜那里去，敬姜打开寝门和他说话，两人都不曾跨过门槛。

敬姜在家庙祭祀公爹季悼子，康子参加了。康子向敬姜敬酒，敬姜没有亲手去接，祭完后撤掉俎案，不与康子宴饮，主持家祭的宗人不在，便不再举行复祭；宗人在时，复祭后在家族共饮的饫礼上，敬姜也是不等结束就先行退出。孔子因此称赞她在礼节上懂得男女有别。

（四）伯姬循礼，古井不波

伯姬是鲁宣公的女儿，鲁成公的妹妹，因为嫁给宋共公，死后谥称为宋共姬。伯姬嫁给宋共公六年后，共公去世，而后，她幽居守节三十四年，直到鲁襄公三十年，因火灾而死。

《列女传》记载伯姬出嫁的时候，就谨守礼仪规定。当时诸侯婚娶，为了表示对"人伦之始"夫妻关系的重视，要实行亲迎之礼。而宋共公没有做到这一点，伯姬迫于母亲与兄长的命令，只得离开鲁国。来到宋国三个月后，行过庙见的礼仪，应当开始夫妻生活了，然而，伯姬由于不满共公没有亲迎的做法，始终不肯听命。宋共公没法，求助于鲁国，鲁成公派季文子来到宋国，这才说服了伯姬。季文子回国复命，成公设宴招待他，成公与伯姬的母亲穆姜也非常感激文子，认为他能够说服执礼甚谨的伯姬是不容易的，两次朝季文子下拜。六年后，宋共公因病死去，伯姬的儿子成即位为君，就是宋平公。此时伯姬虽贵为母后，但因年轻守寡，反倒比以前更加注意修身，她深居后宫，不问政事，一切依礼而动。

鲁襄公三十年，也就是宋平公三十三年的一天夜里，宫内失火，熊熊大火恰好烧着了伯姬的寝宫，左右侍从都说："夫人快出去避一会吧！"伯姬说："根据妇人应该遵守的原则，保母和傅母不在身边，夜里是不能走出堂屋的。我要等待保母和傅母来。"于是侍从慌忙去请夫人的保母与傅母，可是由于时间仓促，加上保母和傅母年事已高，行动不便，结果只有保母来了，傅母没能及时赶到。这时火势更猛了，左右侍从再次劝说伯姬："夫人，事情紧急，请赶快出去避一避吧！"伯姬说："根据妇人应该遵行的原则，没有傅母的陪伴，夜里不能走出堂屋。越义求生，不如守义而死。"无论侍从怎么劝，伯姬就是不肯走出寝宫，结果被大火活活烧死。

依我们现在的眼光来看，伯姬的行为真是不可思议。她在丈夫死后甘居寂寞，矢志守节几十年，并且大火烧身依然还严守妇人的礼仪，直至最后被烧死也不动摇。这真是所谓的"古井不波"，如泥塑木雕一般。

然而，这种行为就当时的社会来说却是守礼的典范，是可歌可泣的。

她的行为受到了普遍的赞扬，为了表彰她的贤德，《春秋》记录了伯姬的死以及鲁国派大夫叔弓参加她的葬礼。而《穀梁传》在详记此事的同时还加以议论，称赞伯姬坚守了妇人的行为准则，做到了“贞”（图113）。当时各国诸侯听说伯姬的事迹，都表示了哀悼与悲痛。考虑到人死不能复生，而财物却可以复得，所以诸侯们派人在澶渊聚会，商议弥补宋国因火灾造成的损失。《春秋》认为这是一件好事而加以记载。《列女传》还引所谓“君子”的话，高度赞扬了伯姬宁愿葬身火窟也不肯违背礼仪的行为。

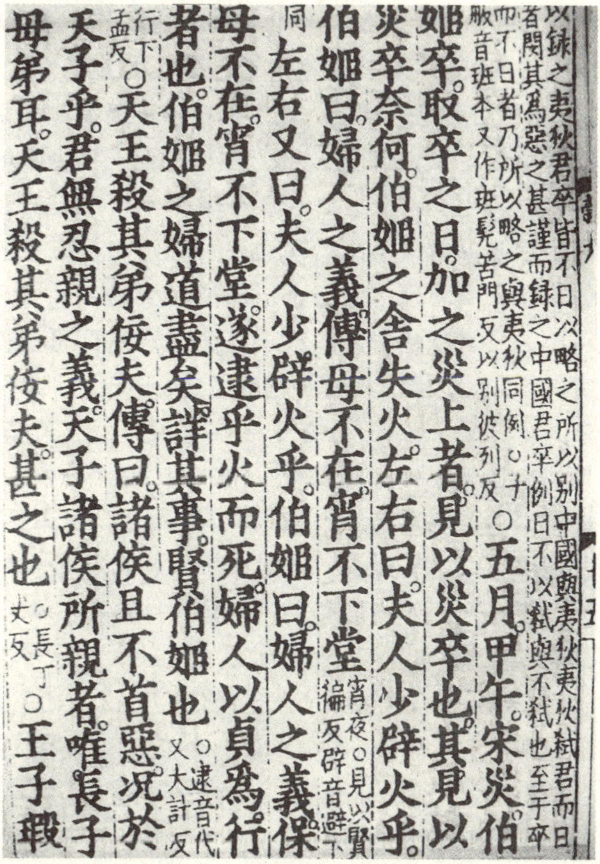
以録之夷狄君卒皆不日以略之所以別中國與夷狄夷狄弑君而日者閔其爲惡之甚謹而録之中國君卒例日不以弑與不弑也至于卒
而不日者乃所以略之與夷狄同例○于敗音班本又作班髡苦門反以別彼列反○五月甲午宋災伯
姬卒取卒之日加之災上者見以災卒也其見以
災卒奈何伯姬之舍失火左右曰夫人少辟火乎
伯姬曰婦人之義傅母不在宵不下堂宵夜○見以賢徧反辟音避下
同左右又曰夫人少辟火乎伯姬曰婦人之義保
母不在宵不下堂遂逮乎火而死婦人以貞爲行
者也伯姬之婦道盡矣詳其事賢伯姬也○逮音代又大計反
行下孟反○天王殺其弟佞夫傳曰諸侯且不首惡況於
天子乎君無忍親之義天子諸侯所親者唯長子
母弟耳天王殺其弟佞夫甚之也○長丁丈反○王子瑕

图113　《穀梁传》书影

伯姬是鲁国的女儿，为了守礼，她视死如归，正如有的历史学者所说“原有它在鲁国积渐的舆论力量”，是鲁国“秉礼”的传统教育培养了伯姬“越义求生，不如守义而死”的人生信条。

（五）公义私爱，匹妇高节

鲁国以周礼为立国之本，根深蒂固的礼乐传统影响所及，上至贵族，下至平民，都要求自己以礼为安身之本，以义为行为准则。鲁国的这种举国上下热爱礼义、重视礼义的现象非常明显。

义姑姊是鲁国乡间的一位普通妇女，虽然由于家境的原因，她识字不多，但是却通达礼仪，果于行义。

一次，齐军进攻鲁国，鲁国节节败退，齐军很快到达了鲁国的城郊，到达了义姑姊的家乡。她连忙抱起自己幼小的儿子，领着年龄稍大一点的侄子跑出家门，向山上逃去。可是，带着两个孩子根本跑不快，齐军眼看就要追上来了，这时，她丢下自己的儿子，抱起自己的侄子飞快地向山上跑去。

她的儿子还很小，一看母亲丢下了自己，吓得坐在地上，一边哇哇哭，一边使劲喊着母亲。后面的齐军看到这位妇女起先还抱着小的孩子，领着大的孩子，眼看事情紧急了，却抱起大的，领着小的跑，可是到最后，竟然放下小的，只顾抱着大的孩子逃命，感到百思不得其解。齐军将领走近那个哭着的小孩，问道："前面跑的是你母亲吗？"小孩点点头说："是的。""你母亲为什么丢下你？"小孩子哽咽着说"我不知道。"齐军将领便追赶上去，士兵们也拉开了弓，大声叫："站住！前面的妇女站住！"可是义姑姊还是拼命地跑，连头也不回。齐将喊道："站住！再不站住，我就放箭射你了！"妇女这才停下来，转过身，面对着齐军，可是她手里还是紧紧抱着自己的侄子。

齐将问她："你抱着的孩子是谁？丢下的孩子又是谁？"她如实答道："抱着的是我哥哥的儿子，丢下的是我的儿子。看见军队来了，我没有能力保护两个孩子，只好丢下自己的孩子。"齐将问："孩子对母亲来说，是最亲爱的人，若是孩子遇到不幸，做母亲的会非常的痛苦，现在你却丢弃他，抱着哥哥的孩子逃跑，这是为什么？难道你不爱自己的孩子吗？"义姑姊看了一眼坐在地上呜咽着的儿子，眼泪夺眶而出，说："我当然爱自己的孩子，可是，爱自己的孩子属于私爱，爱哥哥的孩子属于公义。违背公义，只顾私爱，即使母子有幸逃脱，以后，鲁君不会收留我们，大夫不会养护我们，平民百姓也不会同我们交往。这样的话，我们母子就是耸起肩膀也找不到容身的地方，重叠起双脚也没有站立的地方。丢下儿子虽然很痛苦，但是又怎能忘记行义呢？我不能背离礼义生活在鲁国。"

齐将听了以后，良久不语，深为她的凛然大义所感动，便命令军队停下来，派人对齐君说："现在攻打鲁国还不是时候。军队刚刚到鲁国的边境，就碰上了一位坚守节操，按义行事的妇女。鲁国山野草泽里的妇女都知道不能以私爱害公义，更何况鲁国的朝臣士大夫呢？请求撤回军队。"齐君认为有道理，于是齐军撤出鲁国。鲁君听说了这事，将束帛百端赏赐给她，并称她为"义姑姊"。

《列女传》借"君子"的话，称赞义姑姊正直无私，坦诚忠信，果于行义。并评价说："义的作用真是巨大啊！虽然体现在平民身上，国家还要依赖它，更何况用礼义来治理国家呢？"

（六）鲁缟"轻"，鲁酒"薄"

　　鲁人明礼，也颇善于经营之道。纺织、酿酒、青铜铸造、冶铁、制陶、制骨等工业以及玉石器、金银器等加工业都很发达（图114、115）。

　　说到鲁国的手工业产品，人们首先会想到鲁缟。鲁缟是一种白色的生绢，工艺精良，以精细轻薄而著称，它代表了鲁国纺织品的最高水平，受到了广泛的赞誉，它是人们心目中最薄的丝织品。

　　说"鲁缟"纤细轻薄见于《史记·韩长儒列传》，其中说"且强弩之极，矢不能穿鲁缟"，许慎解释说："鲁之缟尤薄。"《汉书·窦田灌韩传》也说："强弩之末，力不能入鲁缟"，颜师古解释说："缟，素也，曲阜之地，俗善作之，尤为轻细，故以取喻也。"虽然这里所指的"鲁缟"有可能是汉代鲁人所织，然而，这种精美轻薄的丝织品，从出现到名扬天下需要一个长期过程，而且我们熟悉的"强弩之末，力不能穿鲁缟"的成语是在战国时期形成的。因而说周代鲁人已能掌握如此精良的丝织技术，应该是合于情理的事实。《韩非子·说林上》也说到一个普通的鲁人家庭，"鲁人身善织屦，妻善织缟。"可见"鲁缟"确实是鲁国纺织品的代表。后人也将它与齐国的丝织品齐纨相提并论，如杜甫的《忆昔》诗

图114　鲁城东周墓出土错金银铜杖首（选自《曲阜鲁国故城》）

图 115　鲁城东周墓出土猿形银饰（选自《曲阜鲁国故城》）

说："齐纨鲁缟车班班，男耕女织不相失。"二者都对后来的丝织业有很大影响。

鲁国有适宜桑蚕养殖的条件，对丝织业的发展十分有利。除鲁缟外，鲁国还有其他种类的织品，如绨、锦等也很有名，绨是一种质地粗厚、平滑而又有光泽的丝织品，《管子·轻重》篇记载："鲁、梁之民，俗为绨。"锦是一种杂色花纹的厚重丝织品，它的经、纬线在织造前都需要染色，并需提花工艺织成。《左传》记载，昭公失国后，齐君打算送他回国，季氏的家臣就用锦贿赂齐人，阻止昭公回国。可见锦在当时也是比较有名的丝织品。除善织缟、绨、锦外，鲁人还善织布、织屦（鞋）、织冠等。丝织业是鲁人传统的手工业，技术已经达到了相当高的水平。

应当说，"鲁酒"是与"鲁缟"名气不相上下的鲁地产品。古书上有不少鲁人酿酒及饮酒的记载。西周初年，伯禽被封于鲁时，周王赐予他的"殷民六族"中的长勺氏、尾勺氏就是酒器工。近年，在距曲阜三、四十里的兖州发现了一件铸有"索册父癸"字样的酒器，便是当时索氏首领被册封的遗物。这件酒器形制优美，纹饰精丽，体现了时人对饮酒的重视。此外，1978 年对古鲁国遗址的试掘中，曾出土了很多成套、成组的酒器，在望父台 48 号墓内发现的一个青铜器酒壶中，还发现里面盛着酒，打开一闻，依然酒香扑鼻。由此可以想见鲁国酿酒业的兴盛（图116）。

然而，与"鲁缟"名扬天下所不同的是，在后人的印象中，"鲁酒"似乎是

图116 西周墓铜壶（选自《曲阜鲁国故城》）

劣酒的代称，事实却不大然。长时间以来，一直流传着"鲁酒薄"的说法。"薄酒"本来与浓度较高的"厚酒"相对，鲁酒就是浓度较低的清淡酒。

"鲁酒薄"的字眼最早见于《庄子·胠箧》篇，而陆德明的《经典释文》则更详细地记载着"鲁酒薄而邯郸围"的小故事：战国时期，楚宣王朝诸侯，鲁恭公去晚了，而且进献的酒薄，楚宣王大怒，又怀恨恭公的不辞而别，于是发兵攻打鲁国。魏惠王一直想袭击赵国，而畏惧楚国救援，不敢轻举妄动，这时趁着楚国攻打鲁国的机会，连忙攻打赵国，包围了赵国的都城邯郸。

《淮南子·缪称训》许慎注则记载着另一个版本的"鲁酒薄而邯郸围"：楚王大会诸侯，鲁国和赵国都献上酒，鲁国薄而赵酒厚。楚人喜欢赵国的厚酒，楚国的主酒吏私下里向赵国求酒，赵国不肯给他，楚吏发怒，就把赵酒更换成鲁酒献给楚王。楚王品尝以后，以为赵酒薄，大怒，于是发兵攻打赵国，包围了邯郸。

陆德明与许慎二人所述的故事有一定的出处，但都是说"鲁酒薄"。后来，北周的庾信在其有名的《哀江南赋》中又将"鲁酒"和"楚歌"并提，说"楚歌非取乐之方，鲁酒无忘忧之用。"使得"鲁酒薄"的说法影响更加广泛。于是在不少人心目中产生了一个错觉，"鲁酒"似乎成了劣酒的代名词。

然而，仔细想来，楚王和楚国主酒吏不喜欢鲁酒，这仅仅是个人的爱好而已，或者说是楚人的习好所至，并不能表明"鲁酒"就是质量不好的酒。古时酒有厚薄之分，《说文解字》段玉裁注说："凡酒沃之以水则薄，不杂以水则曰醇"，由此看来，酒的厚薄只在于是否加水，或者加水量的大小，而不是酒的优劣的区分。厚酒恰如今天的高度酒，而薄酒就犹如今天的低度酒。古时候也并不是所有的人都喜欢饮厚酒，而且古人把致病的首要因素定为食味重，饮烈味重酒，甚至命名"肥肉厚酒"为"烂肠之食"。

厚酒味重使人沉醉，薄酒清淡不易使人陷入醉态。热情奔放的楚人喜欢刺激性强的烈性酒，而拘谨内敛的鲁人喜欢清淡的酒。那么，为什么鲁人形成这种习好呢？

正如我们在前面所提到的，鲁国受周公"戒酒令"的影响极大，鲁国的始祖周公对殷末贵族嗜酒成风的习性深恶痛绝，他深深地意识到"小邦周"能够战胜"大邑商"的一个重要原因，就是殷的统治者大乱丧德，而酒对他们的乱德起了推波助澜的作用。所以周公在教育周室子孙的时候，经常提醒他们不可沉湎于酒。周公曾经做《酒诰》告诫自己年轻的弟弟康叔。鲁国受周公教化极深，把酒的作用仅仅限定在祭祀的时候表达对神灵的敬意，所以在酿酒的时候，为了防止饮者沉醉，而力求味道清淡。可以说，"鲁酒"不求刺激浓烈，而求清淡纯正、适度得宜，颇合天地中和之道。

（七）鲁攻墨守，各持高义

鲁国有不少的能工巧匠，其中墨子与鲁班最为有名。关于墨子，前面在叙述鲁国众贤的时候已经谈到。墨子不仅被誉为"平民圣人"，而且由于他在科学方面的巨大贡献，还被誉为"科学之圣"。然而，相比之下，鲁国最为有名的能工巧匠还是鲁班。鲁班，复姓公输，故被称为公输子，名般。后人因为他是鲁国人，"般"与"班"同音，便称他为鲁班，鲁班也有许多发明创造，被誉为"机械之圣"。史籍中有的把鲁班与墨子并提，都看做是鲁国"巧人"的代表（图117）。

图 117 云梯

墨子和鲁班是同时期的人，他俩都博学多才，擅长工巧和制作，对器械的制造各自都有极高的造诣。但是，墨子特别擅长防御技术、守城技术，他的后学曾经总结其经验为《城守》二十一篇；而鲁班更加擅长奇袭技术、攻城技术。对此，他们曾经有过针锋相对的争执和较量。

鲁班年轻的时候已经是著名的能工巧匠，名声传遍中原各国。一次他来到楚国，正逢楚国准备进攻宋国，楚惠王便请鲁班为他们设计制造攻城的兵器。鲁班先设计了"云梯"以帮助楚人攀爬宋国城墙；又制造了适于楚军水战的"钩强"。楚惠王非常高兴，准备下令攻打宋国。墨子听到这个消息，就从鲁国动身，走了十天十夜，到达郢都，去见鲁班。墨子对鲁班晓之以理，动之以义，劝说他不要把自己制造的武器投入杀人的战争中。鲁班被他说服了。墨子又去见楚惠王，楚惠王以云梯、钩强等攻城的武器已经造好为由，坚持进攻宋国。于是墨子要求与鲁班进行模拟战争较量。墨子解下衣带当作城，用竹片当作器械。鲁班一次又一次地设下攻城的方法，墨子一次又一次地挡住了他。鲁班的攻城器械都用尽了，墨子的守城办法还绰绰有余。鲁班与楚惠王心服口服。而且得知墨子的学生禽滑厘等三百人，已经拿着墨子设计的防守器械，在宋国城上严阵以待楚军，楚国最后放弃了攻打宋国。一场即将爆发的战争就这样被制止了。这就是历史上有名的墨子"止楚攻宋"的故事。"鲁攻墨守"的掌故就出自这里，而且由于墨子擅长防守，还形成了"墨守"的说法，"墨守陈规"或"墨守成规"的成语也由此演化出来。

经过与墨子的论辩，鲁班就再也没有发明过其他武器，而是以自己的聪明才智，创造出了许多对人民生活、生产有益的器具，如：刨、钻、铲、曲尺、桥、雨伞、钥匙、木车马等等，以至于被后人奉为木工、石工、泥瓦工等行业的祖师爷。

（八）季札观乐，叹为观止

鲁国是周代礼乐保存最为完整的国家，拥有天子的礼乐，因此各国的诸侯纷纷跑到鲁国那里去观赏学习。《左传》襄公二十九年记载，吴国公子季札到鲁国聘问，向鲁国的执政卿叔孙穆子提出请求，希望观赏周朝的音乐舞蹈，于是，鲁国的乐工一一为他演唱，他如闻仙乐，如临仙境，大饱眼福、叹为观止，深深地为精妙绝伦的周代礼乐所折服。

乐工先为他歌唱《周南》、《召南》，他评价说："真美妙啊！周朝的教化已经开始奠定基础了，然而还未尽善，不过人民勤劳而没有怨恨了。"为他歌唱《邶风》、《鄘风》、《卫风》，他评价说："真美妙啊！这样地深厚！虽有忧思但不至于困穷。我听说卫康叔、武公的德行就是如此，这恐怕是《卫风》吧？"为他歌唱《王风》，他评价说："真美妙啊！虽有忧思但不至于恐惧，这大概是周室东迁以后的诗吧？"为他歌唱《郑风》，他评价说："真美妙啊！它的音节过于琐碎，人民会受不了的，它恐怕要先灭亡吧？"为它歌唱《齐风》，他评价说："真美妙啊！这样深广宏大！这是大国的音乐吧！象征着它可以做东海一带诸侯的表率，那莫非是姜太公的封国？国家的前程不可限量。"为他歌《豳风》，他评价说："真美妙啊！如此坦荡！欢乐而有节制，这大概是周公东征时的乐歌吧？"为他歌唱《秦风》，他评价说："这就是西方的夏声啊！发出的声音自然洪亮，洪亮到极顶了，这也许是周朝的旧乐吧？"为他歌唱《魏风》，他评价说："真美妙啊！多么轻飘浮泛！声音虽大而委婉动听，节奏急促却易于歌唱，如果再用道德进行辅佐，那一定是个贤明君主。"为他歌唱《唐风》，他评价说："忧思多么深沉啊！也许是陶唐氏的遗民吧？不然的话，怎么会忧思如此深远呢？不是有德者的后裔，谁能够这样呢？"为他歌唱《陈风》，他评价说："国家没有主人了，怎么能长久地维持下去呢？"从《郐风》以下，季札不再评论。

《国风》唱完以后，乐工接着为季札歌唱《小雅》，他倾听了以后评价说："真美妙啊！虽然有忧思，但是没有背叛的意思，虽然有怨恨，但是不尽情吐露，这莫非是周德衰微时的乐曲？还有先王的遗民在啊！"为他歌唱《大雅》，他欣欣然有喜色，说："真宽广啊！多和美啊！柔婉曲折而本体刚劲有力，这大概表现的是文王的德行吧？"

雅唱完了以后，接着又演唱了盛赞先王美德的《颂》。季札听着这毫无缺憾的乐曲，脱口而出："美极了！刚劲而不放肆，柔婉却不靡弱，紧密而不局促，悠远疏旷而不散漫游离，变化多端而不过分，反复重叠而不使人厌倦，哀伤而不使人忧愁，快乐而不使人放荡，宽广而不显露，施与而不会减少，收取而不会增多，静止而不会显得留滞，流动而不会显得泛滥。五音和谐，八风协调，节奏有一定的尺度，乐器交相鸣奏有一定的顺序，这是有盛德的表现啊！"

最后，鲁国乐工为季札表演了美不胜收的舞蹈。他见到了执竿而跳的武舞《象箾》和以龠伴奏的文舞《南龠》，评价说："真美妙啊！然而还有缺憾。"见到跳周武王的舞蹈《大武》舞，说："真美妙啊！周朝兴盛时，大概就是这样的吧！"见到跳殷汤的《韶濩》舞，说："圣人这么伟大，然而因他放逐夏桀表现出缺点，圣人真不容易做啊！"见到跳夏禹的乐舞《大夏》，他说："真美妙啊！勤劳于民事而不自以为功，不是大禹还有谁能做得到呢？"见到跳虞舜的乐舞《韶箾》，他感叹着说："真伟大啊！道德到达极点了就好像是天无所不覆盖，就好像是地无所不承载，德行大到了顶点，没有办法再增加了。尽善尽美到这里达到止境了！即使还有别的乐舞，我也不敢再请求了！"（图118）

尽善尽美的周代礼乐让季札大开眼界，大饱耳福，感官得到极大的愉悦，身心有说不出的舒展与超脱，他"叹为观止"，认为此生得观周乐，虽死无憾了。

图 118　孔子闻韶处

（九）多言多败，言多必失

伯禽开始分封在鲁国时，曲阜一带的形势非常复杂，商奄各部、淮夷与徐戎的动乱时有发生。周公看到这种局势，很为伯禽担忧，同时也对他寄予厚望，希望他能担负起为王室镇守东方的重任，所以一再嘱咐伯禽要谨慎地统治。

对于父亲的教诲，伯禽谨记在心，来鲁后，每当他治理国家遇到挫折时，就要去曲阜城北的望父台，站在高台上向西眺望，回想父亲的谆谆教导，从中汲取振作起来的勇气。

周公庙正殿西侧有尊金人（铜人），就是周公当年送给伯禽的一个奴隶的形象，它的口被封了三层，背上刻有很长的铭文（图 119）。周公让金人背对着伯禽，伯禽便可以经常看到金人背上的铭文（图 120）。

铭文深入浅出地说："金人被三缄其口，这是古时候教人说话要谨慎的意思啊！要引以为戒啊！不要多说话，多说话多败亡；不要多事，多事多祸患。安乐的时候，一定要警戒，不要去做使自己后悔的事情。别以为没有什么损伤，它的

图 119　曲阜周公庙元圣殿内金人像

祸患将会很长久；别以为没有什么危害，它的祸患将会很大；别以为没有人听见，上天将会在暗中探察着人的行为。火苗初起的时候不去扑灭，将会燃起熊熊大火，那时将会无可奈何；涓涓细流不加阻塞，最终会汇成江河；丝线绵绵不断，便有可能织成天罗地网；纤细的草木不去拔掉，将来就需要大斧。如果能够谨慎行事，那将是福佑的根源；人的口能有什么坏处？它是招祸之门。强横的人不得好死，好胜的人一定会遇到对手。盗贼憎恶主人，百姓怨恨官长。君子明白自己不可能胜过所有的人，所以甘居人下。明白自己不可能先于所有的人，所以甘居人后。温和谦恭，谨修德行，使人敬重；为人柔弱，甘居下位，却没有人能

图 120　金人铭碑

超过他；别人都趋向彼方，我却独守此处；别人都迷惑徘徊，我却坚定不移；内心埋藏着我的智慧，不向别人显示自己的技巧；我虽然地位尊贵，却没有人嫉妒。谁能做到这些呢?"

我们可以看出周公通过金人铭来提醒伯禽要注意修身，要后发制人，要深谋远虑，要在复杂的形势下谨慎从事，重视自己的敌手，以建立姬姓统治的千秋功业。

这种言多必失的谨慎，这种未雨绸缪的细致，这种防患于未然的观念，这种对以弱制强、以小积大无形转换的警觉，深深影响了咱们中国人民族性格的形成。

三缄其口、多言多败、言多必失、祸从口出，强梁者不得其死，好胜者必遇其敌；盗憎主人，民怨其上等等我们极为熟悉的谚语、成语皆来自此金人背上的铭文。

据《孔子家语·观周》篇记载，孔子到周王室参观，在周人的始祖庙后稷庙中也见到了金人铭，孔子读了以后，深受启发，告诫弟子们一定要谨记在心，以此作为立身处事的原则。

八 鲁国衰亡

（一）杀嫡立庶，东门擅权

鲁僖公十六年（公元前644年），季友去世，他的儿子没有什么作为，史籍没有加以记载。此后四十余年一直是东门襄仲执掌鲁政，直到宣公八年（公元前601年）襄仲逝世为止。

东门襄仲即庄公的儿子公子遂，襄是他的谥号，仲是他的字，史书上或者称他为襄仲，或者称他为仲遂，因为居住在鲁城东门，所以也称他为东门襄仲。襄仲历仕僖、文、宣三朝，虽然也曾在鲁国内政外交中有所建树，但是由于他为人心胸狭窄，报复心理较重，在文公十八年杀嫡立庶，给鲁国造成了极为恶劣的影响。

文公有两个妃子，长妃出姜是齐国的女儿，生有两个儿子，长了名恶，次了名视，恶被立为太子。次妃敬嬴，生有一个儿子名俀。敬嬴私下里与东门襄仲勾结，想立俀为鲁君。文公十八年，文公逝世，襄仲马上实施自己的阴谋计划。他先是去齐国拜见新即位的齐惠公，请求齐惠公帮助立公子俀。齐惠公新近即位想借此亲近鲁国，便默许了他。一见齐君答应，东门襄仲马上回国，杀死了太子恶和公子视，然后，以太子恶的名义召见与自己政见不同的叔仲惠伯，当时东门氏的野心已经是"路人皆知"，然而，叔仲惠伯因为固守"死君命可也"的臣子信条，不听家宰公冉务人的劝告，进入宫中，被襄仲杀死后埋在马粪中。扫除政敌后，东门襄仲立公子俀为鲁君，这就是鲁宣公。

太子恶与公子视的母亲出姜闻知儿子们被杀，心如刀割，她知道自己在鲁国已经没有立足之地了，而且她也不愿意看到东门襄仲与宣公作威作福，思来想去，自己最好的去处就是回到母国，于是，她收拾一点简单的行李，回齐国去了，准备上路时，她哭着经过集市，大声喊道："天哪！东门襄仲残忍无道，杀死国君的嫡子，立庶子做新君。"集市上的人都哭了，大家对出姜充满了同情，所以鲁人又称她为哀姜。

东门襄仲杀嫡立庶，是鲁国政治局势的一个转折点。当时，嫡长子继承制已经深入人心，东门襄仲杀嫡立庶，破坏了这种制度，使国君的威信陡然下降，"为恶甚大"。从此，以鲁君为代表的公室逐渐失去了对政权的控制而日益衰微，大夫专权的局面开始形成。

宣公即位的当年，襄仲就为他去齐国迎娶齐女穆姜为夫人，并把济水以西的鲁国土地割让给齐国，作为齐惠公支持自己杀嫡立庶的谢礼，讨得了齐人的欢心与支持。

纵观宣公一朝，东门氏势力达到了顶点。宣公八年（公元前601年），东门襄仲在出使齐国的途中病死，他的儿子公孙归父继为鲁卿。由于父亲的缘故，公孙归父有宠于宣公，骄横一时，因而也激化了与三桓的矛盾。宣公十八年（公元前591年），公孙归父与宣公密谋后到晋国聘问，想借晋国的力量以除掉三桓。恰好在公孙归父出使晋国的期间宣公逝世。季文子乘机先发制人，以"杀嫡立庶"的罪名驱逐了东门氏。公孙归父在回国途中闻听此事，知道大势已去，只好逃亡齐国。虽然几年后鲁国又立了他的弟弟仲婴齐为东门氏的继承人，然而，从此以后，东门氏再也没有兴盛起来。

（二）三桓专政，陪臣执命

庆父之难后，鲁国出现了孟孙氏、叔孙氏、季孙氏三个卿大夫世家，因为他们的始祖都是鲁桓公的儿子，所以号称三桓。三桓封立之初，因为季友平定动乱有功，僖公时期执掌鲁政。僖公十六年（公元前640年），季友死去，他的儿子无闻于世，大概是没有什么作为，由东门襄仲和臧文仲执掌鲁政。文公十年（公元前617年），臧文仲去世，则由东门襄仲与季友的孙子季文子共执鲁政。这时，三桓的势力尚不十分强盛，活跃于鲁国政治舞台上的主要是上面讲述过的东门襄仲。

在东门襄仲专政的同时，三桓的势力也不断壮大，东门氏尽管强盛，但是并没有完全压倒三桓。相反，季文子利用东门襄仲逐渐发展自己的势力。对于东门襄仲的杀嫡立庶，季文子助纣为虐，全力支持立宣公，而十八年后，宣公死去，季文子知道东门襄仲不得人心，又出尔反尔，出卖了襄仲，并且以襄仲杀嫡立庶的罪名除掉了东门氏。当时臧宣叔就气愤地指责季文子说："当时你干什么去了？当时是你纵容襄仲杀嫡立庶，现在他人都死了很久了，你又旧事重提，他的后人有什么罪？"当时晋国大史史墨也评价说："东门襄仲杀嫡立庶，鲁君从此就不能掌握国政，政权落到了季氏的手中。"可见季文子正是利用了东门氏的不义而发展了自己的势力。所以说鲁国陪臣执国命，政权旁落就是从季文子开始的。

季文子驱逐东门氏以后，三桓独揽鲁国国政的局面形成。宣公死后，他的儿子黑肱继位，这就是成公，成公年幼，由季文子、孟献子、叔孙宣伯执政。季文子、孟献子知书识礼，都是比较优秀的政治家，对鲁国内政外交多有功勋，而叔孙侨如由于在三桓中势力相对弱小，又不甘居下风，便想除掉季孙、孟孙两家，独揽鲁政。于是他利用自己与成公母亲穆姜的私通关系，多次指使穆姜逼迫成公下令驱逐两家。并在成公十六年（公元前575年）暗中向晋国行贿，诬陷成公与季文子对晋国有二心，致使季文子出使晋国被扣。后来经过成公的请求，季文子才幸免于难。季文子回国后，便将叔孙侨如逐出鲁国，随后立了侨如的弟弟叔孙豹。

成公在位十八年去世，他的儿子午即位，这就是襄公，年仅三岁，政权自然全部由三桓操纵。这时季文子年事已高，由孟献子执政。襄公五年（公元前568年），季文子死，他的儿子季武子（季孙宿）继承了他的卿位，时孟献子也已年老，鲁政就由叔孙豹、季武子共同执掌。在这期间，季武子先后采取了一系列的措施来扩大自己的势力。在他即位后两年，便在费地筑城，巩固他的私邑。襄公十一年（公元前562年），为了进一步削弱公室的力量，季武子又实施了"作三军"而"三分公室"的举措，就是组建三军，把原由公室指挥的军队一分为三，三家各领一军。虽然叔孙豹对此提出反对意见，但是最后还是被迫同意。鲁公自此彻底丧失了军事权力（图121）。

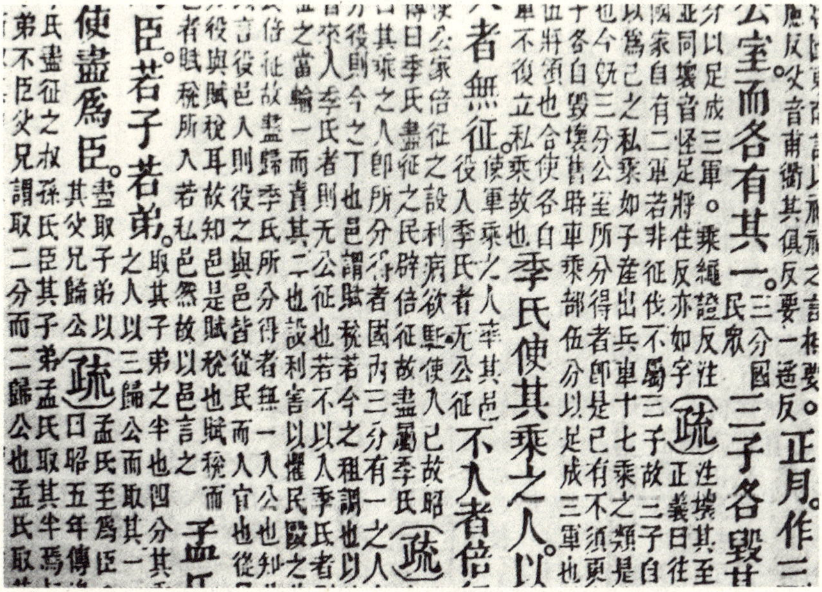

图121　《左传》关于"作三军"的记载

三分公室后，季孙氏的势力进一步加强，不久季武子便取代叔孙豹为正卿而执鲁政。襄公二十一年（公元前552年）邾国大夫庶其带着邾国的两个邑投靠鲁国，季文子竟然擅自做主将襄公的姑母嫁给了他，还赏赐给他封邑。襄公二十九年（公元前544年），季武子又趁襄公朝楚的机会，用武力将属于公室的卞邑夺为己有。事后才以卞邑大夫打算叛变为借口，派自己的私属大夫公冶向襄公报告。襄公在回国途中接到报告，生怕季孙氏会对自己有所举动，竟然问公冶说："我能够进入国境吗？"在得到公冶的保证后，仍然不敢回国，后来在其他大夫的劝说下，才犹犹豫豫地回到国内。

就在三桓处心积虑地削弱公室、控制国君的同时，他们的家臣势力崛起，成为他们心中的巨大病痛。

家臣就是卿大夫的臣属，由卿大夫自行任免，替他们管理家政与封邑。三桓拥有众多的家臣，本来家臣的权力甚微，但是由于三桓的精力主要用在了参与国政上，所以他们的家政、邑政主要由家宰、邑宰之类的家臣处理。久而久之，家宰、邑宰的权力越来越大，当他们的意愿不能满足的时候，又往往发动叛乱。因此，在昭公、定公、哀公时期，鲁国屡屡发生家臣犯上作乱的事件，甚至有的家臣由操纵家政进而操纵国政，出现了"陪臣执国命"的局面。

昭公四年（公元前538年），叔孙氏的家臣竖牛作乱。竖牛先是取得了叔孙豹的信任，然后设计杀死嫡子孟丙，逼走仲壬，又趁叔孙豹病重的时候将他软禁而饿死，立了叔孙豹的庶子叔孙婼为继承人。后来仲壬回国，季武子想把他立为叔孙氏的继承人，然而季氏的家臣南遗加以劝阻，说："叔孙氏强大了季孙氏就弱小，他们家发生内乱，您不去管他，也是可以的。"于是季武子不再过问，而南遗则帮助竖牛攻杀了仲壬，为此，竖牛送给南遗三十个邑。幸亏竖牛立的叔孙婼正直公允，不奖私劳，即位后便下令杀掉竖牛，竖牛逃向齐国，最后被杀。一场扰乱叔孙氏的内乱才得以平息下来。

昭公十二年（公元前530年），鲁国又发生了季孙氏的家臣南蒯的叛乱。当时南蒯任季氏的费邑宰，刚刚即位的季平子对他不加礼遇，他怀恨在心，联络公子慭与叔仲小，决定驱逐季氏，把季氏的家产还给公室，让公子慭取代季平子的职务，而由他带着费邑做鲁国的"公臣"。后来事情不顺，南蒯就带着费邑叛逃到齐国。第二年，叔弓率师围攻费邑，没有攻下，季平子发怒，命令见到费人就抓起来作为囚犯，大夫冶区夫建议他应该采取怀柔分化的政策以争取费人的归顺，季平子采纳了，结果费邑的人背叛了南蒯。费邑的司徒老祁、虑癸依靠费人劫持了南蒯，准备将他驱逐出费邑。此时南蒯仍然寄希望于齐国，请求拖延五天，后来见成功无望，只身逃奔齐国。至此，被南蒯占据了一年半之久的费邑才重新回到季氏的手中。

定公五年（公元前505年），季平子死，他的儿子季桓子（季孙斯）立，这时，季氏又爆发了一次影响最恶劣的家臣叛乱——阳虎叛乱。

阳虎从季武子的时候就做季氏的家臣，历经武子、悼子、平子、桓子时期，为人奸诈而善于玩弄权术，颇得季氏的宠信。时季平子死，他在处理丧事的时候，与季氏的另一家臣仲梁怀发生争执。阳虎执意要用鲁君佩带的美玉"玙璠"为平子敛尸。仲梁怀却认为那是季平子逐走昭公以后，君位空虚的特殊情况下代替国君行祭时所佩，现在定公已立，不能再用。阳虎便勾结费邑宰公山不狃，想联合驱逐仲梁怀。起初公山不狃没有答应，但是后来因为仲梁怀陪侍季桓子巡视费邑时，对他轻慢无礼，于是同意协助阳虎叛乱。当年的九月，阳虎起事，囚禁了季桓子与公父文伯（季桓子的从父昆弟），驱逐了仲梁怀。十月，杀死了公何藐（季氏族人），强迫季桓子在稷门盟誓，并"大诅"，就是举行大规模的诅咒，迫使季氏承认了他的地位，这才释放了季桓子，而将公父文伯与秦遄（季平子的姑父）驱逐出国。至此，季氏家族已经完全被阳虎所控制。

当时在鲁国，掌握大权的就是季氏，阳虎控制了季氏，也就相当于操纵了鲁国政柄。

阳虎既然已经控制了季氏，见叔孙武叔刚刚就位，不足为敌，便把矛头指向了孟孙氏。定公六年（公元前504年），鲁国为晋国讨伐郑国，去时途径卫国，却没有借道就直接过去了；回师的时候，阳虎让季桓子与孟懿子从卫都南门进，东门出，故意激怒卫灵公，使卫国与季、孟结仇，以断绝两家的外援。同年的夏天，季桓子到晋国奉献郑国的俘虏，阳虎硬让孟懿子同去，向晋君夫人奉献礼物。阳虎的目的不外乎向晋国显示他的实力，并借此贬低孟孙氏。这年的秋天，阳虎又与定公及三桓在周社盟誓，与国人在亳社盟誓，还在五父之衢诅咒，迫使鲁国承认他的实权地位。

定公七年（公元前503年），齐人归还了鲁国的郓（今山东郓城县东）、阳关（今山东泰安市南）二邑，阳虎取来作为自己的封邑，进一步巩固了他的实力。同年秋天，齐卿国夏攻打鲁国，阳虎为季桓子驾车，公敛处父为孟懿子驾车迎敌，准备夜袭齐军，而齐军已经闻讯做好埋伏。阳虎想乘机置季、孟二人于死地，因孟氏家臣公敛处父等觉察，阳虎没能实施。

定公八年（公元前502年），阳虎决定除去三桓。计划以季寤（季桓子的弟弟）代替季桓子，以叔孙辄（叔孙氏庶子）代替叔孙武叔，自己代替孟懿子。计划先趁冬季大祭的时候杀掉季桓子。同年的冬天，阳虎举行了鲁国祭祀先君的活动，准备事后在蒲圃（鲁东门外地）宴请季桓子乘机将其杀掉，并调动都邑的兵车，准备次日攻打孟孙氏、叔孙氏二家。然而，在请季桓子赶赴蒲圃的路上，季桓子感觉势头不对，便说服给他驾车的林楚，让他突然驱车奔向孟孙氏的家宅。而孟孙氏对阳虎作乱早有所警觉，已挑选了三百名强壮的"圉人"，在门外佯装修房，以备事变，因而得以及时将季桓子接应入门，并射死了尾随而至的阳越（阳虎的从弟）。阳虎知道事已败露，便劫持定公和叔孙武叔攻打孟孙氏。这时，孟孙氏的成邑宰公敛处父率成邑的武装前来救援，在棘下（鲁都城内地）打败阳虎。阳虎从宫内抢出鲁国的国宝宝玉与大弓等逃往讙（今山东宁阳县北）、阳关，并据此叛鲁。

定公九年（公元前501年），鲁国攻打阳关。阳虎焚烧邑门而突围，逃到齐国，并请求齐国出兵伐鲁，齐景公在大夫鲍文子的劝说下没有听从阳虎的建议，并下令逮捕了阳虎，然而，阳虎又施展诡计逃脱，辗转跑到晋国，被晋国六卿之一的赵简子收留。

阳虎之乱是持续时间最长、影响最大的一次家臣叛乱。阳虎由专季氏家政进而"执国命"，权势凌驾于三桓，长达四年之久，可以说是家臣执政的极盛。

阳虎之乱刚刚平息，鲁国又在定公十年（公元前500年）发生了叔孙氏家臣侯犯以郈邑叛乱的事件。原来，家臣公若藐反对叔孙成子立武叔，所以武叔即位后派人刺杀公若藐，而没能得手。于是武叔让公若藐任郈邑宰，而后指使郈邑的马正侯犯杀掉了公若藐。大概随后武叔归罪于侯犯，侯犯便以郈邑背叛。武叔两次攻打郈邑，都没能攻下。最后武叔让郈邑工师驷赤策划郈人背叛侯犯，致使侯犯逃奔齐国，郈邑才又回到了叔孙氏的手中。

接二连三发生的家臣之乱和"陪臣执国命"使三桓伤透了脑筋，受到了沉重的打击，而鲁君也想乘机摆脱三桓的控制，鲁国政局呈现出复杂多样的势头。三桓专政与"陪臣执国命"是鲁国衰微过程中的典型事件。

（三）孔子相鲁，革除弊政

春秋后期，鲁国三桓之家屡屡发生家臣叛乱，特别是阳虎之乱，使三桓深受其害，三桓迫切地想解决家臣专权问题。而对鲁君来说，也希望趁三桓遭受打击的机会恢复公室的权力。而此时孔子及其门徒声名鹊起，为世人所重，于是，在这种历史背景下，孔子走上了鲁国的政治舞台。

孔子先被任命为中都（今山东汶上县西）宰，他在那里大力推行教化，一年之后就达到了理想的效果："长幼异食，强弱异任，男女别途，路不拾遗，器不雕伪"，以至周围各地纷纷效仿。不久，孔子又由中都宰升为小司空，由小司空升为大司寇。孔子任大司寇期间，他的主要政绩有两个，一是夹谷之会；一是"堕三都"。

定公十年（公元前500年）春天，鲁定公与齐景公在夹谷（今山东莱芜境内）会盟，孔子以司寇的身份担任定公的相礼，相当于今天的司仪（图122）。齐臣犁弥认为孔子知礼而无勇，劝齐景公派莱人劫持鲁定公，齐景公听从了。孔子一边保护鲁君退下，一边命令鲁将士阻止莱人，同时斥责齐景公这种丧失道义、丢弃礼仪的行为。齐景公自知理屈，连忙斥退莱人。将要盟誓的时候，齐人又在盟书上加了一句说："齐军出境，而鲁国不派出三百辆兵车跟随出征的，有盟誓为证！"孔子也马上让人加上一句说："你们不归还我国汶阳的土地，而只让我国恭敬地服从命令的，也有盟誓为证！"盟后，齐景公又想设享礼招待定公，孔子为了防止再出意外，以牺尊、象尊等酒器不出国门、钟磬等嘉乐不在野外演奏为由予以拒绝。

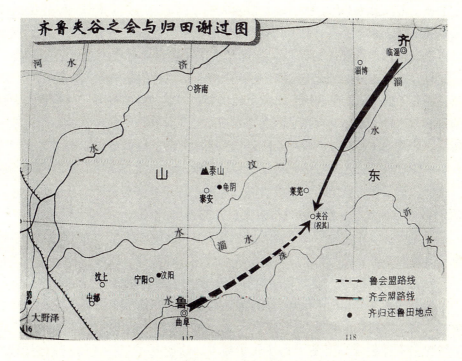

图122　齐鲁夹古之会示意图（选自骆承烈编著《孔子历史地图集》）

鲁国一直奉行的是亲晋外交政策，而此时开始与齐国修好，齐鲁两国积怨多年，所以夹谷之会险象丛生。而孔子却以自己的果敢与机智在不激怒齐侯的情况下，为鲁国及定公挽回了面子，显示了自己卓越的外交才能。会后不久，齐国归还了所侵占的郓、谨和龟阴之田等鲁国土地。

"堕三都"发生在定公十二年（公元前498年）。"三都"是指三桓的费、郈、成三个食邑。费是季孙氏的食邑；郈是叔孙氏的食邑；成是孟孙氏的食邑。这三个邑的邑宰虽然是三家的家臣，但是由于势力的增强，他们经常控制三邑以凌三家，多次发动叛乱，如前面提到的南蒯以费叛；侯犯以郈叛等等。所以孔子提出"堕三都"的主张后，陆续得到三家的拥护。

叔孙氏率先毁掉了郈邑的城墙。季孙氏也准备拆毁费邑的城墙。但是费邑的邑宰公山不狃不愿意堕费，竟然发动叛乱。公山不狃与叔孙辄率领费邑人袭击都城。定公与三桓猝不及防，定公与季桓子、孟懿子、叔孙武叔被费人逼入季氏家，登上高台躲避。孔子当机立断，命令大夫申句须、乐颀下台还击，打退了费人，随后国人乘胜追击，在姑蔑彻底打败了费人。公山不狃与叔孙辄逃往齐国。于是季桓子得以毁掉费邑。接着准备拆毁成邑，但是又遇到了麻烦。成邑宰公敛处父坚决抵制，他对孟懿子说："拆毁成邑的城墙，齐国人一定会到达我们的北门。再说成邑，是孟孙氏的保障，没有成邑，就没有孟孙氏。您假装不知道这事，我打算不让他们拆毁。"本来三桓同意堕三都，目的是消除家臣借以叛乱的屏障，而孔子的目的则是利用打击家臣的机会，削弱三桓的势力，以达到张大公室的目的。这时，孟孙氏对孔子的真实意图已有所觉察，而且鉴于孟孙氏没有家臣叛乱，公敛处父又对自己有功，所以依照公敛处父的计策行事，表面上支持堕成，暗中却鼓励公敛处父对抗。鲁定公亲自率师围攻也没能成功，最后不得不放弃。这样，堕三都的事情终以失败告终。不过十八年后（鲁哀公十五年，公元前480年），成邑也发生了邑宰公孙宿叛变投齐的事件。

孔子也因其"张公室"的意图被觉察而失去三桓的信任，渐被疏远。三桓特别是势力最大的季孙氏与孔子之间已是貌合神离。虽然孔子此时名义上仍为大司寇，实际上已不被重用。恰好齐国担心孔子被用于鲁将对齐不利，想使孔子离职。定公十三年（公元前497年），齐国挑选了八十名能歌善舞的美女，都穿着华丽的衣裳，连同三十辆华美的马车，一起送给鲁国。结果定公与季桓子果然沉湎于声色，不理朝政。于是子路劝孔子离开，这时孔子依然还抱有幻想，说："鲁国将要举行郊祭，如果仍然将祭肉给我送来，我还是可以留下的。"按照礼仪规定，国家大祭结束，应该把祭肉赐给大夫等有关人员。孔子想以此看看自己是否还受到重视。结果祭肉没有送来。于是孔子带领弟子们离开鲁国，开始了长达十四年周游列国的行程。哀公十一年（公元前484年），孔子返回鲁国。被鲁人尊为"国老"，但是终不能受到重用。而那时，鲁君与三桓的矛盾更加突出，鲁国的政治危机更加严重，哀公十六年（公元前479年），孔子去世。

（四）哀公逊越，终未善终

鲁定公在位十五年去世，公元前494年，他的儿子蒋即位，这就是鲁哀公。这时，三桓势力虽然历经家臣之乱，有所削弱，但是鲁公室却一如其旧，仍然处在三桓的控制之下。哀公十四年（公元前481年），齐国陈恒杀了齐简公，为了正君臣之义，孔子朝见哀公请求出兵讨伐齐国。哀公却不敢做主，请孔子向三桓报告。

哀公前期，鲁齐关系时好时坏，战事不断；不久又受吴国的制约。三桓与哀公穷于应付，内部矛盾暂时得到缓解。哀公后期，鲁国投靠越国。哀公想以越国作为后盾而驱逐三桓，双方矛盾加剧。哀公二十四年（公元前471年），哀公去越国朝见，与越国太子适郢相处甚欢，适郢准备把女儿嫁给哀公并多给他土地。季康子闻知十分恐惧，急忙通过越大夫太宰嚭向越国纳以贿赂，才阻止了此事。第二年的六月，哀公从越国回来，季康子、孟武伯在五梧（鲁南部边地）迎接他。宴饮之间，孟武伯祝酒，憎恶为哀公驾车的郭重，说："你怎么这么肥胖？"哀公厌恶季、孟，遂说："这个人自己吃进的话多了，怎么能不肥胖呢？""食言而肥"由此而来，而季康子名肥。对于哀公的指桑骂槐，季、孟非常气愤，以至宴会不欢而散。哀公二十七年，季康子死去，哀公前去吊丧，故意降低礼节以发泄对他的不满。

哀公与三桓"交恶"的同时，也得不到国人爱戴。史载公子荆的母亲为哀公的妾，深受宠爱。哀公想立她做夫人，让宗人衅夏献上夫人的礼节，衅夏以"无以妾为夫人之礼"拒绝了他，哀公大怒，坚持将公子荆的母亲立为夫人，并将荆立为太子。这种违礼的行为使国人非常不满。公子宁（即后来的悼公）的母亲死后，哀公为她"齐衰"，即穿上生粗麻布做的丧服。而公子宁的母亲是哀公的妾，丧服礼规定天子、诸侯、大夫为死去的妾是不穿任何等次的丧服的。哀公多次违背周礼，所以"国人恶之"。

哀公上不能取威于卿大夫，下不能取信于国人，自然难安其位，惶惶不可终日。一次，从陵阪（在今曲阜东北）游玩回来，哀公遇到了孟武伯，竟然问他："我能够得到善终吗？"孟武伯说："我无法知道。"哀公问了三次，孟武伯始终拒绝回答。

哀公担心三桓对他的威胁，想通过诸侯的力量铲除他们。而三桓也担心哀公会采取对他们不利的举措，君臣之间的嫌隙越来越多。双方的矛盾终于在哀公二十七（公元前468年）激化。哀公想请越国攻打鲁国，借此除掉三桓。这年的秋八月，哀公到了公孙有山家，三桓竟然出兵攻打，哀公被迫逃亡到卫国，接着又通过邾国去了越国。后来回国了就住在公孙有山家，最后死在了他家，而国人归罪于公孙有山，对他家进行了讨伐。对于哀公的被害，史书记载不详，但是根据公孙有山为季氏的党羽，哀公二十四年越国太子打算嫁女给哀公一事，就是他派人给季康子通风报信的，而且哀公的谥号"哀"也意味着他是被弑身亡的。极有可能是公孙有山受季氏指使暗杀了哀公，后来季氏又把他作为替罪羊进行了讨伐。

（五）内外交击，三桓消亡

鲁哀公死后，他的儿子宁即位，即鲁悼公（公元前466—前429年）。这时历史已经进入到战国时期。《史记·鲁周公世家》记载："悼公之时，三桓胜，鲁如小侯，卑于三桓之家。"三桓不仅依然把持着鲁国的政权，并且各以自己的封邑为中心，扩张势力，规模已同于封国，悼公与他们相比则如同小侯。

在悼公后期，季孙氏已被称为"费君"，可知费已成为鲁的封国，其他二家大概也是如此。当然，悼公也不甘心受三桓的摆布，曾借助越国兵力讨伐季孙氏，攻打费邑，但是并没有成功，反而与三桓的积怨更深。和他的父亲哀公一样，悼公也是终身生活在怨恨和恐惧当中。对于他的死，史载不详，而他死后，季昭子与孟敬子根本不为他以礼服丧，声称"吾三臣者之不能居公室也，四方莫不闻"，索性照常吃喝，不做表面文章。

悼公死后，他的儿子元公嘉（公元前428—前408年）即位，元公中后期，三桓家族发生了一系列意料不到的变故。首先是季孙氏家族内部发生了内乱，即"季孙氏遇贼"。事情的由来传说不一。有人说是因为季昭子好养士，对所养的门客非常有礼貌，和他们在一起的时候，常常穿着朝服，恭敬庄重，然而有一天，他接待某个门客，偶有懈怠，出现了过失，没有和往常一样，这个人便认为季昭子厌恶自己了，于是刺杀昭子。也有人认为是季昭子所用非人的结果。季氏所养儒士很多，但却不能与他们谋划决断政事，而只是与一帮优伶侏儒谋事，所以遇害。杀季昭子的门客可能就是为元公所派遣，或者是季氏门客中与元公有关者。孔子曾说“吾恐季氏之忧不在颛臾，而在萧墙之内”是很有先见之明的（图123）。

不仅如此，季氏之忧还在于三桓之间的龃龉不合。进入战国以后，三桓之间的矛盾有增无减。他们的不和已是有目共睹，举世皆知。据《墨子·耕柱》记载：“季孙绍与孟孙常治鲁国之政，不能相信，而祝于丛社曰‘苟使我和’，是犹弇其目而祝于丛社曰‘苟使我皆视’，岂不谬哉！”就是说季、孟两家互相猜疑，水火不容，在社神前祝祷如使我们和睦将会如何，这就如同掩耳盗铃，是自欺欺人的事情。

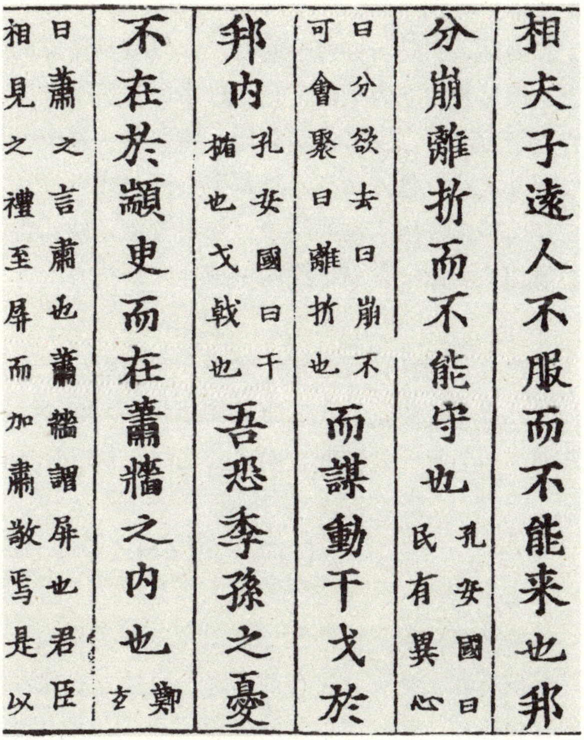

相夫子遠人不服而不能來也邦分崩離折而不能守也孔安國曰民有異心曰分欲去曰崩不可會聚曰離折也而謀動干戈於邦內孔安國曰干揃也戈戟也吾恐季孫之憂不在於顓臾而在蕭牆之內也鄭玄曰蕭之言肅也蕭牆謂屛也君臣相見之禮至屛而加肅敬焉是以

图123　《论语·季氏》书影

季昭子遇贼身死后，季氏家族由此一蹶不振，时当鲁元公后期。吴起正学业有成，想在季氏手下一展宏图，可是季昭子遇害，季氏家族将要衰败，于是他离开鲁国，赶赴魏国。

祸不单行，此时齐国又乘机攻打鲁国。元公十八年（公元前412年），齐将田白伐鲁，“取一都”。虽未言明此“都”为何地，但是被称为“都”的除国都曲阜外，惟有郈、成、费三地。此后成、费二都尚在，所以被齐国攻占的都只能是叔孙氏的封邑郈（今山东东平东南）。叔孙氏也由此破灭，下落不明。

鲁元公二十一年（公元前408年），齐又举兵伐鲁，攻取了孟孙氏的封邑成（今山东宁阳东北）。孟孙氏由此破灭，子孙散落各地，其中一部迁到邹，亚圣孟子就是他们的后裔。

这样在鲁元公时期，经过内外交击，三桓失去了两个，季孙氏也大伤元气，不仅无力干预公室，反而有为公室废弃的危险，只好退保于封国，不久便拥费独立为小国。穆公二十三年（公元前385年），齐曾一度攻破鲁都，季孙氏大概就是趁这个时机在费邑独立的。《孟子》中有被称为"小国之君"的费惠公，曾以子思为师，当是与鲁穆公同时，大概就是费国的开国之君。

虽然费独立为小国，只不过是保住了季氏家族世袭其位的特权而已，它的国势当然无法与宗主国鲁国相比。费与邹、滕等一样，是最小一级的城邑国家。它以弹丸之地背鲁而面齐、楚两个大国，如果没有宗主国鲁国的保护，它会很快灭亡；而费是鲁国东南的门户，如果失去了费，鲁国自然也很难保全。所以费、鲁必须相依为命。史书记载两国曾经联合抗齐，以在艰难的国际环境中求得彼此的生存。

费究竟是在什么时候亡国的，史书没有记载，不过，大约是与鲁国同时，因为公元前282年，楚人的言论中还把"邹、费、郯、邳"与"齐、鲁、韩、魏"并列。时当鲁文公时期，而文公之后，就是鲁国的亡国之君顷公。

（六）穆公改革，难挽衰运

鲁元公死后，他的儿子显即位，即鲁穆公（公元前407—前377年）。此时，三桓已有两家被灭，仅存的季孙氏也独立自保。把持鲁国政治二百余年的三桓家族宣告衰落，政权又重新回到鲁君手中。所以穆公即位后，便不再以三桓为虑。而当时各国诸侯为了富国强兵纷纷进行社会改革，鲁穆公自然也不甘心鲁国的落后，于是他大胆地采取了一系列集权措施，任用博士公仪休为相，排斥、打击传统世袭贵族势力，进行了一系列的政治、经济改革。

在政治方面，首先是废除了世卿世禄制。《韩非子·外储说右下》记载说：鲁穆公时，出任鲁相的公仪休嗜好吃鱼，一国之人都争着买鱼献给他，他却不接受。他的弟弟不明白为何这样做，他回答说："我正是因为喜欢吃鱼才不接受。接受别人的鱼，必定会有'下人之色'，有'下人之色'，就将徇私枉法，徇私枉法，就将被免掉相的职务。到那时就是喜欢吃鱼，也一定没人送给我鱼了，而那时我也没有能力自己买鱼。我现在不接受别人送的鱼，就不会因为徇私枉法而被免去相位，就能够长期自己买鱼吃了。"这段记载说明当时鲁国已经废除了世卿世禄制。徇私枉法将被免职，说明这时相的职务是由国君任免的；担任相位就能长期买鱼，说明相是靠俸禄生活的。官员的任命、俸禄的多少已操纵在国君手中。

其次是政体、官制以及选拔制度的改革。春秋时期，鲁国是卿大夫执政、议政的宗法贵族政体。进入战国后，随着三桓的衰落，世卿世禄制的废除，鲁国的政治体制逐步转化为君主集权的封建官僚体制。相应的在官吏的设置与选拔上也有所变更。鲁元公时曾以吴起为"将"；鲁穆公时以公仪休为"相"，还欲使子思为"相"；鲁平公时曾欲以乐正克为政（即为相），欲使禽滑厘为"将"。说明在穆公时就已经实行将相制，并成为固定的制度。

将相制与春秋时期卿大夫兼掌兵权与政权的制度是不同的。"官分文武"，其实是变相地把各种权力集中到国君手中。文武分职以后，大臣权力分散，可以起到互相监督的作用，便于国君操纵。

鲁穆公还设博士一职，史书记载："公仪休者，鲁博士也。以高第为鲁相。"可见当时鲁国又重新建立了一套取士制度。鲁国是最早设置"博士"以养儒生的国家，开战国、秦汉设置博士议员之先河。这些博士一方面是备国君顾问，另一方面也是为国家储备、培养人才。国君可以随时通过一定的考试、考察方式，挑选其中的优秀者（高第）委以要职。

鲁穆公在政治方面改革的第三项措施是礼贤下士，广揽人才。据《孟子》、《墨子》、《礼记》和《论衡》等记载，鲁穆公曾礼待子思，向子思请教治国之道；向墨子请教国际形势问题；向曾申请教孝丧之礼；还曾因鲁国大旱，亲自拜访县子等等（图124）。

鲁穆公还任用公仪休为相，采取了一系列经济改革措施。史载：公仪休"使食禄者不得与下民争利，受大者不得取小"。即命令为官者不许和百姓争利，有俸禄收入的不许再贪图小利。又载公仪休吃了蔬菜感觉味道很好，就把自己家中的葵菜都拔下来扔掉。看见自己家织的布好，就立即把妻子逐出家门，还烧毁了织机。说："难道要让农民和织妇无处卖掉他们生产的物品吗？"这一措施和做法，无疑是为了限制官僚贵族所经营的手工业，鼓励社会分工，以促进商品经济的发展。战国时，鲁人喜好经商赢利，与公仪休的这一改革措施恐怕不无关系。此外，为了促进经济的发展，公仪休还实行了"渊池不税"、"蒙山不赋"等一些轻徭薄赋的政策。

鲁穆公时期改革的效果如何，因史料缺乏，不得而知。但是对于鲁国的农业、商品经济的发展总会有促进作用的。"强弩之末，势不能穿鲁缟"的成语就是战国时期产生的。从鲁缟的精美轻薄，我们可以推见战国时期鲁国经济发展的一斑。

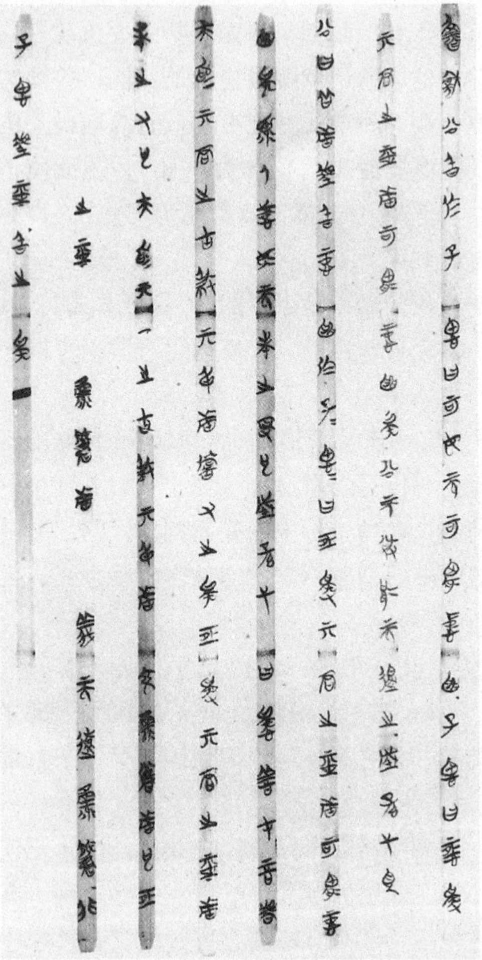

图124 《郭店楚墓竹简·鲁穆公问
子思》图版

然而，鲁穆公的改革并没有使鲁国强盛起来，此后依然不断受到强国的侵削。对于鲁国没有强盛的原因，曾有学者进行过探讨。如齐人淳于髡认为，鲁国日益衰落的原因，是鲁穆公任用公仪休、子柳、子思等所谓的"贤者"即儒家的改革造成的。鲁穆公的改革确实有不同于其他国家之处。战国时期其他国家如魏、赵、楚、韩、齐、秦等都是以法家为主体推行改革的，更为强调法制，对宗法贵族的打击是比较彻底的，因而改革也较为深入。相反的，鲁穆公却是完全利用儒家政治家来进行改革，其内容较多的带有儒家所主张的"仁政"色彩，而且改革不够彻底。在战国时期，列强环伺的形势下，要改革图强，较之儒家的所谓"仁政"，或许法家的"法治"更为适用。这也许是鲁国改革成效不大的原因之一。

鲁国日见衰弱的原因，也有人认为是地理环境所致。如与穆公同时期的辛宽认为，鲁国"无山林溪谷之险，诸侯四面以达，是故日地削，子孙弥杀"。这种见解虽有点地理环境决定论的味道，但也并非毫无道理。在兼并战争日益激烈的战国时期，鲁国作为一个以农业立国的积贫积弱已久的小国，又无险要地势可以据守，处在强国环峙的夹缝之中，无疑是暴羔羊于虎狼。

综观战国七雄，几乎都是由边远险要的地方崛起来的，而郑、宋、卫及周王室则都是败亡于中原。鲁国自然也难以逃脱这种覆亡的厄运。鲁穆公的改革只是延缓了鲁国灭亡的时间，使得鲁国能够苟活残喘，挣扎着一直到战国末年。

（七）鲁亡于楚，不失其义

鲁国继春秋时期卑事齐、晋、楚、吴等霸国之后，战国时期又屈从于列强，国势更是日益衰落。

鲁穆公的改革虽然充实了国力，但是相对于齐国而言，强弱悬殊仍然很大。穆公"使众公子或宦于晋，或宦于楚"，想依靠三晋与楚国的势力抗齐。然而此举并未阻止齐国的侵伐。穆公十四年（公元前394年）齐国攻打鲁国取最（今山东曲阜南，近鲁都之地）。幸得韩国出兵相救鲁国才转危为安。穆公十八年（公元前390年），齐国攻取魏国的襄陵，鲁乘齐师远征疲敝之际阻击齐师，在平陆（今山东汶上北）打败齐师。鲁虽然一时侥幸取胜，反倒招来更大的灾难。穆公二十三年（公元前385年），齐国大举伐鲁，竟一度攻破鲁都。鲁被迫屈服于齐，这样双方才维持了十余年的和平。

鲁共公时（公元前376—前353年），魏国开始强大起来，鲁又采取了联魏抗齐的外交政策。共公四年（公元前373年），魏国大举伐齐，攻至博陵。鲁国也乘机出兵，攻入齐的阳关（今山东泰安东南大汶河东岸）。共公二十一年（公元前356年），共公与宋、卫、韩等国国君一同朝见魏惠王，共公于宴会之上，对惠王极尽逢迎，深得惠王的欢心。然因鲁国依恃魏国而有轻视楚国之意，又出了麻烦。共公二十三年（公元前354年）楚宣王朝会诸侯，共公后至，且所献的酒薄，宣王发怒，欲辱共公，而共公竟然不辞而还。于是楚便联合齐国攻打鲁国。而魏国也乘机攻打赵国。从而出现了"鲁酒薄而邯郸围"的故事。

鲁康公（公元前352—前344年）即位后，楚国的势力已逼近泗上，鲁被迫屈从于楚。《说苑·权谋》载，楚王会诸侯时，曾使鲁君为他驾车，鲁君与大夫皆不从。公仪休则认为，不听楚言就会身死国亡，国君乃是为民做君，应为民受辱。于是鲁君便为楚威王当了一回车夫。这个故事未免夸张，但却说明当时鲁国受制于楚。而且当时鲁国为了抗齐，也需要依附楚国。《战国策·齐策》载："楚将伐齐，鲁亲之。"鲁国不仅依附强国楚国，还依附强国魏国。康公九年（公元前344年），康公与泗上诸侯一起赶赴魏惠王召集的逢泽之会，并且随魏王朝觐周天子。

鲁景公（公元前343—前315年）、鲁平公（公元前313—前296年）时期，齐、秦两国争强。齐一心要攻取燕国，不以鲁国为意；秦南下进攻楚国，楚国自顾不暇，减轻了鲁南部的压力。因而鲁国处在一个相对安定的时期。

鲁文公（公元前259—前273年）在位期间，齐势炽盛，齐湣王破燕、灭宋，威震天下，"泗上诸侯，邹、鲁之君皆称臣"。相传齐湣王曾经途经鲁国，竟然要求鲁国以接待天子巡狩之礼相待。结果被鲁国拒绝了，未能进入鲁国。这个记载大致反映了当时的齐鲁关系。鲁虽臣服于齐，但是又于心不甘。文公十二年（公元前284年），齐国被燕、秦、韩、赵、魏五国联军攻破，齐地被五国与楚国瓜分，鲁国乘机攻取了徐州（今山东微山东北）。此后不久齐又复国，然而国势已弱，对鲁不再形成威胁。

楚国参与瓜分齐地后，又收复淮北之地，威逼泗上。鲁文公十八年（公元前278年），秦攻取楚都郢，楚迁都于陈（今河南淮阳），这样，鲁国就处在楚国直接攻击的范围之内。只是由于楚顷襄王专心复仇于秦，想结山东各国以抗强秦，所以暂时未对鲁国用兵。

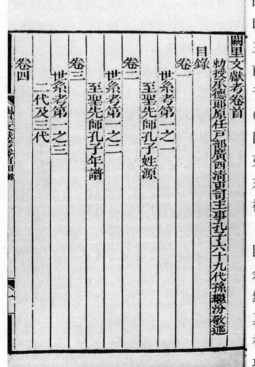

图125 《阙里文献考》书影

鲁顷公（公元前272—前249年）时，鲁国再次成为楚国所吞并的目标。顷公十二年（公元前261年），楚考烈王伐鲁，攻取徐州。顷公十八年（公元前255年），楚国攻占鲁地，顷公被改封于莒（今山东莒县）。顷公二十四年（公元前249年），楚国彻底灭亡了鲁国，顷公被迁往卞邑（今山东泗水东），夷为平民，后来死在柯（今山东阳谷县东阿镇）。鲁国自西周初年八百余年的祭祀就此断绝。

鲁被楚灭后，鲁地被并入楚国版图，成为楚国的一个县——鲁县。二十余年后，秦灭楚（公元前222年）。然而，因为秦的暴政，鲁地一直未曾真心服帖，依然保持着周公遗风，以礼义为重。楚汉战争之初，"楚怀王封项籍（羽）为鲁公"。此后四年间，鲁一直站在项羽一边。汉高祖五年（公元前202年）冬天，汉兵在垓下包围了项羽，项羽轻骑突围而出，汉兵紧紧追随，项羽走投无路，在乌江边上拔剑自刎。项羽死后，楚地陆续都被刘邦平定了。只有鲁城久攻不下，刘邦大怒，想强攻后屠城。汉军到了城下，"鲁中诸儒尚讲诵习礼乐，弦歌之音不绝"，刘邦大为感动，认为鲁是守义之国，为自己的故主守节。所以不再强攻，而是把项羽的头颅高高挂起，告诉鲁人项王已死，鲁人这才投降，并且请求用鲁公的礼仪规格安葬项羽。刘邦答应了，于是鲁人安葬项羽在谷城。据《阙里文献考》记载，曲阜"城东北汉下村有古冢，俗称'霸王头'，相传为葬项王处"。当地还有一说城东古城村旁大冢为霸王墓（图125）。

参考书目

吕化舜原辑、孔衍治增辑：《东野志》，曲阜师大图书馆藏清刊本。

姚彦渠：《春秋会要》，中华书局，1955年。

班 固：《汉书》，中华书局，1962年。

杨伯峻：《孟子译注》，中华书局，1980年。

《十三经注疏》，中华书局影印阮元校刻本，1980年。

童书业：《春秋左传研究》，上海人民出版社，1980年。

杨伯峻：《春秋左传注》，中华书局，1981年。

司马迁：《史记》，中华书局，1982年第二版。

江阴香：《诗经译注》，北京市中国书店，1982年。

山东省文物考古研究所、山东省博物馆等编：《曲阜鲁国故城》，齐鲁书社，1982年。

朱熹：《四书集注》，中华书局新编诸子集成本，1983年。

王聘珍：《大戴礼记解诂》，中华书局，1983年。

陈奇猷：《吕氏春秋校释》，学林出版社，1984年。

郭克煜、梁方健、陈东：《鲁国金文编注》，曲阜师大历史系、孔子研究所油印本，1984年。

姜亮夫：《楚辞通故》，齐鲁书社，1985年。

匡亚明：《孔子评传》，齐鲁书社，1985年。

孙诒让：《墨子间诂》，中华书局，1986年。

孙诒让：《周礼正义》，中华书局，1987年。

孔庆民等：《曲阜春秋》，山东友谊书社，1987年。

王先谦：《荀子集解》，中华书局，1988年。

曲阜市文物管理委员会：《曲阜观览》，山东友谊书社，1988年。

《周礼·仪礼·礼记》，岳麓书社古典名著普及文库本，1989年。

李民等：《古本竹书纪年译注》，中州古籍出版社，1990年。

张 涛：《列女传译注》，山东大学出版社，1990年。

翦伯赞：《先秦史》，北京大学出版社，1990年。

李学勤：《东周与秦代文明》（增订本），文物出版社，1991年。

孔繁银：《衍圣公府见闻》，齐鲁书社，1992年。

顾栋高：《春秋大事表》，中华书局，1993年。

董立章：《国语译注辨析》，暨南大学出版社，1993年。

张默生原著，张翰勋校补：《庄子新释》，齐鲁书社，1993年。

郭克煜等：《鲁国史》，人民出版社，1994年。

黄怀信：《逸周书汇校集注》，上海古籍出版社，1995 年。

晁福林：《夏商西周的社会变迁》，北京师范大学出版社，1999 年。

杨 宽：《西周史》，上海人民出版社，1999 年。

王 晖：《商周文化比较研究》，人民出版社，2000 年。

孔德懋主编：《孔子家族全书》，辽海出版社，2000 年。

王文锦：《礼记译解》，中华书局，2001 年。

顾德融、朱顺龙：《春秋史》，上海人民出版社，2001 年。

杨朝明：《鲁文化史》，齐鲁书社，2001 年。

杨朝明：《儒家文献与早期儒学研究》，齐鲁书社，2002 年。

杨朝明：《周公事迹研究》，中州古籍出版社，2002 年。

周振甫：《诗经译注》，中华书局，2002 年。

钱穆：《孔子传》，三联书店，2002 年。

黄怀信：《尚书注训》，齐鲁书社，2002 年。

傅崇兰、孟祥才、曲英杰、吴承照：《曲阜庙城与中国儒学》，中国社会科学出版社，2002 年。

晁福林：《先秦社会形态研究》，北京师范大学出版社，2003 年。

杨 宽：《战国史》，上海人民出版社，2003 年。

骆承烈、骆明：《孔里论孔》，当代中国出版社，2003 年。

杨朝明等：《孔子的智慧》，人民日报出版社，2004 年。

杨朝明：《游访孔庙孔府孔林·东方的文化圣地》，上海古籍出版社，2004 年。

王志民主编：《齐鲁历史文化丛书》，山东文艺出版社，2004 年。

鲍思陶点校：《国语》，齐鲁书社，2005 年。

贺伟、侯仰军点校：《战国策》，齐鲁书社，2005 年。

杨朝明主编：《孔子家语通解》，台湾万卷楼股份有限公司，2005 年。